# 丛书编委会

总主编　韩立福

编委会办公室主任　雷　蕾

编　　委　（以姓名笔画为序）

丁建军　王　雷　王金华　王喜峰

申慧青　吕新哲　李亚莉　李酉媛

杨琼琼　张明星　张晓宇　陈美华

陈晓峰　苟学健　林　丹　周　玲

周文君　高婉妮　唐　懿　韩金凤

雷　蕾　蔡晓华　魏正江

# 本册编写人员

主　编　吕新哲

副主编　杨晓萌　李守洋

编　者　李金燕　王　乐　赵晓庆

新高考背景下核心素养学业评价研修丛书

XINGAOKAO BEIJING XIA HEXIN SUYANG XUEYE PINGJIA YANXIU CONGSHU

韩立福/总主编

# 基于核心素养的
## 有效学习与学业评价策略

### 初中数学

JIYU HEXIN SUYANG DE
YOUXIAO XUEXI YU XUEYE PINGJIA CELÜE
CHUZHONG SHUXUE

主　编/吕新哲
副主编/杨晓萌　李守洋

东北师范大学出版社
长春

**图书在版编目（CIP）数据**

基于核心素养的有效学习与学业评价策略·初中
数学/吕新哲主编. —长春：东北师范大学出版社，
2018.8
ISBN 978-7-5681-4896-2

Ⅰ. ①基… Ⅱ. ①吕… Ⅲ. ①中学数学课—初中—
教学参考资料 Ⅳ. ①G634

中国版本图书馆 CIP 数据核字（2018）第 193567 号

□责任编辑：张晓方 牛会玲 □封面设计：张 然
□责任校对：韩 啸 王立娜 □责任印制：张允豪

东北师范大学出版社出版发行
长春净月经济开发区金宝街 118 号（邮政编码：130117）
电话：0431—84568003
传真：0431—85691969
网址：http://www.nenup.com
东北师范大学出版社激光照排中心制版
辽宁新华印务有限公司印装
沈阳市张士经济技术开发区中央大街六号路 14 甲—3 号
（邮政编码：110021）
2019 年 2 月第 2 版 2019 年 2 月第 1 次印刷
幅面尺寸：148 mm×210 mm 印张：7 字数：150 千

定价：36.00 元

# 前 言

# 新时代呼唤"全面发展的人"

▶ **我**国政府高度重视学习型社会建设。党的十六大明确提出要创建"全民学习、终身学习"的学习型社会。党的十七大报告提出"建设创新型国家,最关键的是要大幅度提高自主创新能力"。党的十八大提出"完善终身教育体系,建设学习型社会"。党的十九大报告中的第八条"提高保障和改善民生水平,加强和创新社会治理"中指出,办好继续教育,加快建设学习型社会,大力提高国民素质。这说明党和政府高度重视学习型社会建设,并将其作为党的一项重要任务来抓。2017年陈宝生部长在《人民日报》上撰文发出了"课堂革命"的改革号角,再一次强调深化基础教育人才培养模式改革,掀起"课堂革命"，努力培养学生的创新精神和实践能力。这都是从国家层面来落实学习型社会的建设。2016 年 9 月 13 日发布了《中国学生发展核心素养》，主要内容包括人文基础、自主发展和社会责任，目标是培养全面发展的人。这里所说的"全面发展的人"是具有责任意识、担当意识、会学习、会合作、有创新精神和实践能力的能够自主创业型人才。也就是说新时代呼唤新的"全面发展的人"。

2014 年国务院颁布了《关于深化考试招生制度改革的实施意见》（国发〔2014〕35 号），明确规定自 2014 年启动考试招生制度改革试点，2017 年全面推进，到 2020 年基本建立中国特色现代教育考试招生制度，形成分类考试、综合评价、多元录取的考试招生模式，健全促进公平、科学选才、监督有力的体制机制，构建衔接沟通各级各类教育、认可多种学习成果的终身学习"立交桥"。这是我国新高考制度的总体目标。这个文件具有划时代的历史意义，将创新我国多年来以文理分科为主的高考制度。在"改革考试形式和内容"上强调四点创新：一是完善高中学业水平考试；二是规范高中学生综合素质评价；三是加快推进高职院校分类考试；四是深化高考考试内容改革。对于每个学生成长而言，"学业水平考试"和"综合素质评价"尤为重要。中国学生发展核心素养研究成果发布（经教育部基础教育课程教材专家工作委员会审议）中国学生发展核心素养，核心目标是培养符合新时代精神的全面发展的人，即培养既有核心素养，又有学业水平，还有综合素质方面的符合国家培养目标的"全面发展的人"。

当前，在新高考背景下我们一线学科教师如何培养"全面发展的人"，如何实施"学业水平评价""综合素质评价"和"发展核心素养"，这是新时代教育教学改革的"热点话题"和重要课题，也是新时代教育改革的主旋律。

为了解决这一重大课题，东北师范大学出版社组织编写的这套《新高考背景下核心素养学业评价研修丛书》在理论方面给予高端引领，在思路方面给予明确指引，在实践方面给予技术指导。这在一定程度上解决了如何落实"学业水平评价""综合素质评价"和"发展核心素养"的重大问题，为一线学科教师指明了方向，提供了可操作的"抓手"。

## 一、丛书内容

本套丛书包括 18 本书，第一本书是《基于核心素养的有效学习与学业评价策略》（总论），由中国教育科学研究院韩立福研究员执笔，具体阐述了"学业水平评价""综合素质评价"和"发展核心素养"的关系。第一章阐述了基于核心素养的有效学习与学业评价新思路；第二至四章介绍了如何在课前、课中和课后基于核心素养下开展自主探究、合作对话和回归拓展学习以及探讨学业评价的方法、策略和工具；第五章介绍了基于综合素质评价的学科学习文件夹管理方法和策略。这些内容凝聚了韩立福研究员十六年开展课堂教学改革、探索学本课堂的理论与实践研究成果，为广大读者提供了一个全新的课堂教学视野和深度课改的操作途径。

从第二本到第十八本，都是实施课堂教学改革成功学校的一线优秀教师编写的个性化探索成果，都是一线学科教师探索新课程改革的沉甸甸的丰硕成果，结合学科特色阐述了如何在本学科落实"学业水平评价""综合素质评价"和"发展核心素养"的新思路、新策略。

本套丛书涵盖义务教育阶段小学、初中各学科，包括初中语文、数学、英语、物理、化学、生物、道德与法治、历史、地理，小学语文、数学、英语、科学、道德与法治，中小学音乐、体育、美术，以及 1 本总论，共 18 本。

## 二、丛书特点

本套丛书的主要内容是指导一线教师在新高考背景下结合学科特点发展核心素养、实施学业水平评价和综合素质评价的思路、方法和策略，将国家的重要教育文件结合实践进行"落地"，如对《教育部关于普通高中学业水平考试的实施意见》（教基二[2014] 10 号）、《关于加强和改进普通高中学生综合素质评价的意见》（教基二 [2014] 11 号）和中国学生发展核心素养等重要教育政策文件给予理论层面、实践层面的解读和诠释，并给予实践智慧的支持。同时，其汇聚了北京市东铁营第一中学，河南省洛阳市新城实验学校，四川省成都市四十三中学，山西省教科局教研室、祁县昌源小学、祁县第三小学等所有学本课堂实验学校的探索成果，也是基于实践研究的指导深度课改的指导丛书。本丛书有以下特点：

一是科学性。本丛书深刻体现了素质教育思想和新课程理念，引导一线学科教师做到面向全体、主动发展和全面发展。丛书严格落实国家和教育部相关重要文件政策精神，以综合素质评价、学业水平评价等文件为指导，并将这些重要文件精神具体化、实践化，使课前、课中和课后的发展核心素养和学业水平评价过程、方法更加科学化。

二是系统性。发展核心素养和实施学业水平评价是一个系统化工程。一线学科教师在学科教学中抓住"两条线"和"一个载体"。具体地说，第一条线是在课前、课中和课后落实和培养学生"核心素养"；第二条线是在课前、课中和课后落实学业水平评价，保障学生的学业成绩。"一个载体"就是建立学科学习文件夹，从开学初到学期末，学科教师指导学生学会使用"学科学习文件夹"。这个全程性"载体"记录学生学科核心素养培养和提升学业水平的全过程，表征学生综合素质发展的成长经历。

三是操作性。在整个学科课堂教学体系的课前、课中和课后三个环节中，我们提供了发展学生核心素养的 18 个基本点和学科教学的对接点，以及自主探究、合作对话、回归拓展的有效方法。同时，提供了课前使用基础知识评价单、课中使用问题解决评价单和课后使用目标达成评价单等模板和成功案例。只要一线学科教师认真学习、深刻体会，就能掌握操作要领。

## 三、使用建议

本套丛书是在新高考大背景下基于发展核心素养的实施学业水平评价的指导丛书，是在我国新一轮基础教育课程改革实践研究基础上提炼和升华出来的课堂教学创新研究成果，其主要目的是引领和指导广大中小学课堂教学改革，发展学生核心素养，实施学业水平评价，大面积提高教育教学质量。由于其理念的先进性、理论的科学性、体系的系统性和方法策略的操作性等特点，我们希望致力于发展核心素养和实施学业水平评价的学校和读者做到理论学习和实践学习相结合，不能像阅读一般性理论著作一样，只是简单地阅读其文本。建议采用两种模式进行学习：一是采用先学习《总论》，然后阅读与学段、学科相同的《分册》书籍进行阅读和研究；二是参加系统的专业化培训和学习。

这套《新高考背景下核心素养学业评价研修丛书》的诞生实属不易，在此我要特别感谢参与此套丛书的编写者、合作者、支持者和关心者：

一是要感谢参与编写的老师。在此感谢丁建军、魏正江、王金华、韩金凤等校长的鼎力支持，感谢你们的大力支持和真诚合作探究。你们努力地改变着传统"耕作"方式，用先进的理念和方式使"学业评价"这颗种子萌芽和开花，用心血和智慧勤奋地培育了"学业评价"这株幼苗，最终实现了春华秋实的"教育梦"。尤其是编委会办公室雷蕾主任，在丛书编辑过程中付出了辛勤的汗水和智慧性劳动，为各位编辑老师提供了专业化的指导和咨询服务，使本套丛书的样式品质得以全面提升。在此表示由衷的谢意！

二是要感谢课堂教学研究的支持者、呵护者——各级领导和教授。感谢中国教育学会原会长顾明远教授、教育部基础教育课程教材发展中心田慧生教授、中国教育报刊社张新洲副社长、中国教育报刊社《中国民族教育》杂志社赵小雅总编等各位领导、专家对此套丛书在编写过程中给予的鼎立相助。同时，感谢东北师范大学出版社编辑部各位编辑老师，在你们的精心指导和无私帮助下使"学业评价"这棵小树苗壮成长，在此一并表示深深的敬意和谢意！

由于时间仓促，本套学业评价丛书在理论建构和实践层面上可能存在一些问题，敬请各位同仁谅解，在此表示歉意！我们将会继续努力！

中国教育科学研究院
韩立福
2018 年 7 月 20 日

# 目　录

# 绪 论

## 新高考背景下处理好学业水平、核心素养和综合素质评价的关系

▶ 目前，在新高考背景下有三个热点关键词，即综合素质评价、学业水平和核心素养。对中小学而言，我们应如何把握当前这三个教育教学改革的热点？如何处理好三者的关系？如何将其科学地落实到学生身上从而取得理想的教学效果呢？以上这些是我们当前需要思考和解决的现实课题。可以说，解决好这个课题对于中小学教师践行课堂教学改革，培养具有核心素养、责任意识、创新意识和实践能力的一代新人将产生十分重要的指导意义。

提高学业水平，培育核心素养，实施综合素质评价，这是国家层面对学生发展提出的要求，也是促进学生素质发展的有效策略和政策保障。

2014年，有关部门颁布了《国务院关于深化考试招生制度改革的实施意见》，明确规定2014年开展考试招生制度改革试点工作，2017年全面推进，到2020年基本建立中国特色现代教育考试招生制度，形成分类考试、综合评价、多元录取的考试招生模式，健全促进公平、科学选才、监督有力的机制，构建衔接各级各类教育、认可多种学习成果的终身学习"立交桥"。可以说，这是我国新高考制度的总体目标。这个实施意见具有划时代的历史意义，将创新我国的高考制度。它在改革考试形式和内容方面强调四点创新：第一，完善高中学业水平考试；第二，规范高中学生综合素质评价；第三，加快推进高职院校分类考试；第四，深化高考考试内容改革。对于学生而言，学业水平考试和综合素质评价尤为重要。教育部基础教育课程教材专家工作委员会审议并发布了中国学生发展核心素养研究成果，提出中国学生发展核心素养的核心目标是培养符合新时代精神的全面发展的人。由此可以看出，我们应培养出既有核心素养、学业水平，又有综合素质的符合国家培养目标的全面发展的人。

## 一、解读学业水平考试、发展核心素养和综合素质评价

学业水平考试是国家已经全面实施的一项重大的教育政策和制度，是根据国家普通高中课程标准和教育考试规定，由省级教育行政部门组织实施的考试，主要衡量学生是否达到国家规定学习要求的程度，是保障教育教学质量的一项重要制度。实施学业水平考试的重要意义在于有利于促进学生认真学习每门课程，避免严重偏科；有利于学校准确把握学生的学习状况，改进教学管理；有利于高校科学选拔适合学校特色和专业要求的学生，实现高中、高校人才培养的有效衔接。

在实施学业水平考试时要遵循三大原则：一是坚持全面考

核，使学生能够完成国家规定的各门课程的学习；二是坚持自主
选择，为每位学生提供更多的选择机会，促进学生发展学科兴趣
与个性特长；三是坚持统筹兼顾，促进高中改善教学质量，为高
校选拔学生服务，并减轻学生过重课业负担和学习压力。首先，
"全面考核"是指将教育部规定的普通高中课程方案中所设定的
科目均列入学业水平考试范围。如，语文、数学、外语、思想政
治、历史、地理、物理、化学、生物等科目的考试，由省级教育
行政部门统一组织；艺术（或音乐、美术）、体育与健康、通用
技术、信息技术考试，可由省级教育行政部门制定并统一实施。
其次，"自主选择"是指在实行高考综合改革的省（自治区、直
辖市），由学生根据报考高校的要求和自身特长，在思想政治、
历史、地理、物理、化学、生物等科目中自主选择。最后，"统
筹兼顾"是指在全面实施学业水平考试的同时，要深化高中课堂
教学改革，创新教学方法，使学生具备新时代所需的学习能力，
提高学生的学习效率，减轻学生过重的课业负担和学习压力。因
此，绝不能在加强学业水平考试的同时，增加学生的学业负担和
学习压力，要让学生学会学习，促进学生的全面发展，从而使学
生能够有效学习。

　　2016 年 9 月 13 日，经教育部基础教育课程教材专家工作委
员会审议，中国学生发展核心素养的研究成果发布了，明确了中
国学生发展的核心素养。核心素养以培养"全面发展的人"为核
心，分文化基础、自主发展、社会参与三个方面，综合表现为人
文底蕴、科学精神、学会学习、健康生活、责任担当、实践创新
六大要素，具体细化为人文积淀、人文情怀、审美情趣、理性思
维、批判质疑等十八个基本点。各素养之间是相互联系、互相补
充、相互促进的关系，在不同情境中整体发挥作用。中国学生发
展核心素养的核心目标是培养全面发展的人，具体内容请看框
架图：

核心

目标

中国学生发展
核心素养

培养全面发展的人

三大方面

文化基础

自主发展

社会参与

六大要素

人文底蕴

科学精神

学会学习

健康生活

责任担当

实践创新

十八个基本点

人文积淀
人文情怀
审美情趣
理性思维
批判质疑
勇于探究

乐学善学
勤于反思
信息意识
珍爱生命
健全人格
自我管理

社会责任
国家认同
国际理解
劳动意识
问题解决
技术运用

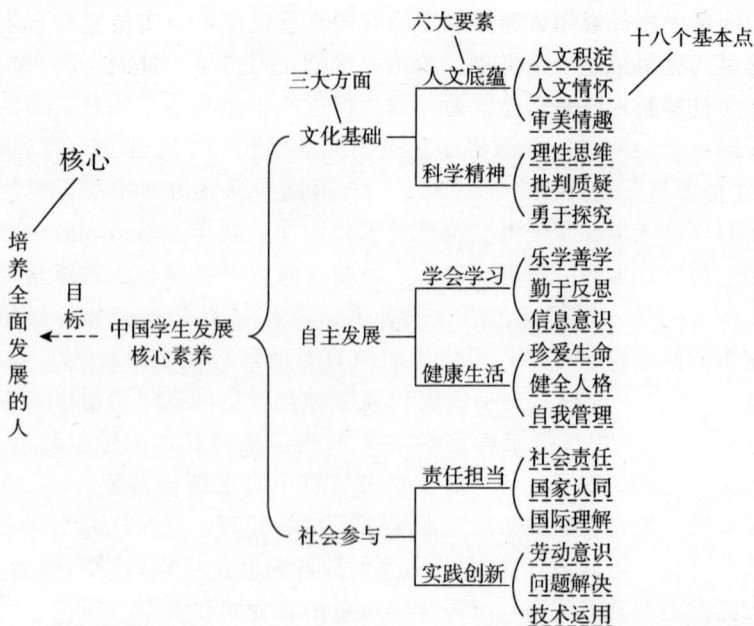

　　如何发展学生的核心素养是广大中小学教师最为关注的一个重大课题，也是当下我们需要解决的一个现实问题。毋庸置疑，发展学生的核心素养主要是在学校教育教学过程中进行的，学科教学、学科课堂教学是发展学生核心素养的主阵地。

　　《国务院关于深化考试招生制度改革的实施意见》中提出，要规范高中学生综合素质评价。综合素质评价主要反映学生德、智、体、美全面发展的情况，是学生毕业和升学的重要参考。该实施意见强调，要建立规范的学生综合素质档案，客观记录学生成长过程中的突出表现，注重学生的社会责任感、创新精神和实践能力。它主要包括学生思想品德、学业水平、身心健康、兴趣特长、社会实践等内容。之后，有关部门又发布了《教育部关于加强和改进普通高中学生综合素质评价的意见》，转变以考试成绩为唯一标准评价学生的做法，为学生积极主动地发展、为学校把握学生成长规律、为促进评价方式改革以及为切实转变人才培养模式提供了途径和依据。可见，它的最终目的是培养德、智、体、美全面发展的一代新人。

## 二、新高考制度要求既要提高学生学业水平，又要发展学生核心素养

这里有一个值得大家讨论的问题，即发展学生的核心素养是在传统的以教师教授知识为主的学科课堂教学中培养，还是在体现新课程理念和特征的改进后的课堂教学中培养？笔者认为，发展学生的核心素养不能靠教师的说教和管教，它是在体现素质教育思想及新课程理念的"土壤"中孕育出来的。如，学生自主发展中的"学会学习"是指学生在学习意识形成、学习方法选择、学习进程调控等方面的综合表现。具体包括乐学善学、勤于反思等基本要点。又如，"实践创新"主要是指学生在日常活动、问题解决、适应挑战等方面所形成的实践能力、创新意识和行为表现。具体包括劳动意识、问题解决等基本要点。就以上两点来看，"学会学习"和"实践创新"不是通过教师说教就能培养出来的，而是通过改变教学方式，通过学生自主合作探究学习培养出来的。

《国务院关于深化考试招生制度改革的实施意见》着重强调了要完善高中学业水平考试。从这里我们不难看出，学业水平考试是新高考政策的一个重要组成部分。新高考政策要求提高学生的学业水平成绩，将部分学科的学业水平成绩直接纳入或通过换算纳入高考成绩中。因此，这就要求我们普通高中在教学过程中要认真落实有关政策，要高度重视学业水平考试。

我们在进行教学时，要努力提高每位学生的学业水平考试成绩，这是我们一线教师的教学工作底线。我们要在学科教学中全

面培养学生的核心素养，不能片面追求成绩。同时，我们要努力做到既能全面提高学生的学业水平，又能发展学生的核心素养，培养全面发展的一代新人。

## 三、新高考制度呼唤学生综合素质评价，旨在促进德、智、体、美全面发展

考试招生制度改革是国家基本教育制度改革，《国务院关于深化考试招生制度改革的实施意见》中明确强调要规范高中学生综合素质评价。为贯彻落实《国务院关于深化考试招生制度改革的实施意见》，促进学生全面发展、健康成长，2014 年，有关部门颁布了《教育部关于加强和改进普通高中学生综合素质评价的意见》。首先，"高中学校要基于学生发展的年龄特征，结合当地教育教学实际，科学确定学生综合素质评价的具体内容和要求"；其次，"高中学校要将学生综合素质档案提供给高校招生使用。高等学校在招生时要根据学校办学特色和人才培养要求，制定科学规范的综合素质评价体系和办法"；最后，"各省（区、市）要提出高中学生综合素质评价基本要求，制定具体办法，于 2015 年 8 月底前报教育部备案。义务教育阶段学生综合素质评价，由各省（区、市）根据学生年龄特点，参照本《意见》制定实施办法"。可以说，它为我们如何实施综合素质评价指明了具体方向。综合素质评价主要反映学生德、智、体、美全面发展的情况，是学生毕业和升学的重要参考。从这里我们可以看出，综合素质评价主要针对的是学生德、智、体、美全面发展的情况。也就是说，综合素质的落脚点就是促进学生德、智、体、美全面发展，努力把学生培养成为德、智、体、美全面发展的一代新人。

## 四、 新高考背景下建立"一体两翼"的立体式相互促进的内在关系

高考制度改革是"牵一发而动全身"的基础教育改革。目前，我们普通高中教育处于新高考背景下。那么，在新高考背景下应如何认识学业水平、核心素养和综合素质评价三者之间的关系？应如何处理三者之间的关系？

新高考政策强调学生的学业水平评价和综合素质评价，而发展学生的核心素养则是学业水平评价和综合素质评价之间的桥梁。从实施过程来看，综合素质评价就像飞机的机体，学业水平考试和发展学生的核心素养是这个机体的两翼。同时，三者要有机地结合起来。

学业水平评价基本上可分为过程性学业水平评价和终结性学业水平考试。国家组织的学业水平考试就是终结性学业水平考试，它的考试范围覆盖了国家规定的所有学习科目，目的是引导学生认真学习每门课程，在课程学习上要全面掌握，在知识能力构成上要系统完整。从综合素质评价方面来看，学业水平是综合素质评价的重要组成部分。从概念和范畴上看，综合素质评价是一个大概念、大系统，而学业水平则是一个小概念、小系统，二者是一种内涵性的包含关系。

发展学生的核心素养应在什么时候、通过什么渠道进行呢？主要是在学科教学过程中进行，在学业水平评价的全过程中进行，在对学生实施综合素质评价过程中进行。从实施角度来看，三者是融为一体的内在关系。从培养目标来看，发展学生的核心素养和综合素质评价都是旨在培养德、智、体、美全面发展的人。

从实践角度来看，我们一线学科教师应如何来把握呢？首先，以实施综合素质评价为主。其次，一手抓学生的学业水平，

一手抓学生的核心素养。那么，对义务教育阶段的学科教师而言，我们应如何操作呢？学科教师要积极探索和实施综合素质评价，在学科教学过程中努力培养学生的核心素养。

总之，在新高考背景下，我们一线学科教师要关注和研究学业水平评价、综合素质评价，要发展学生的核心素养。可以说，这既是新时代教育教学改革的热点话题，又是新时代教育改革的主旋律，我们应在教学实践中处理好学业水平、核心素养和综合素质评价这三者的关系。因此，我们应认真学习，深刻领会，努力践行，齐心协力地培养既有学业水平，又有核心素养和综合素质的全面发展的一代新人。

# 第一章

# 基于核心素养的有效学习与
学业评价新思路

▶ 2014 年，教育部印发《教育部关于全面深
化课程改革落实立德树人根本任务的意见》（教
基二［2014］4 号），提出：研究制订学生发展核
心素养体系和学业质量标准。其中，核心素养是
指学生应具备的能够适应终身发展和社会发展需
要的必备品格和关键能力。发展核心素养的根本
出发点是将党的教育方针具体化，细化落实立德
树人根本任务，培养全面发展的人，提升 21 世
纪国家人才核心竞争力。中国学生发展核心素
养，以科学性、时代性和民族性为基本原则，以
培养全面发展的人为核心，分为三大方面、六大
素养、十八个基本点。

在中国学生发展核心素养的育人目标框架

下，数学核心素养进一步明确了数学学科的育人价值。有学者提出，中国学生发展的数学核心素养涵盖三个方面：第一，学生经历数学化活动而习得的数学思维方式；第二，学生数学发展所必需的关键能力；第三，学生经历数学化活动而形成的良好的数学品格及健全人格的养成。他们又进一步指出：数学学科应关注的学科关键能力，应同《普通高中数学课程标准（2017年版）》（以下简称《高中课标》）列出的六大学科核心素养（数学抽象、逻辑推理、数学建模、直观想象、数学运算、数据分析）高度一致。

在义务教育阶段，《义务教育数学课程标准（2011版）》虽然没有明确指出"核心素养"一词，但提出了在数学课程中，应着重发展学生的数感、符号意识、空间观念、几何直观、数据分析观念、运算能力、推理能力、模型思想、创新意识和应用意识。这些核心词同《高中课标》中提出的数学学科核心素养高度相关，都体现了数学教育工作者追求的育人价值。

本章主要基于中国学生发展核心素养（即数学学科核心素养），从基于发展核心素养的有效学习理念原则、学业评价的新思路及实施以工具单评价为支撑的学业水平评价进行说明。

本章主要包括以下内容：第一，基于发展核心素养的有效学习理念和原则；第二，基于发展核心素养的学业水平评价新思路；第三，实施以工具单评价为支撑的学业水平评价。

## 一、基于发展核心素养的有效学习理念和原则

有效学习是学生获得良好学业水平的必要保证。而对有效学习的概念，不同学者的理解不尽相同。综合来看，有以下几个要点：（1）以学习目标为指向；（2）学生主动参与、探索、研究、

思考，从信息加工观点看，对学习内容进行主动加工；（3）学习者达到预定目标，有良好的学习效果；（4）既重视知识目标的达成，也关注达成目标过程的建构。通过以上要点可以看出，有效学习应是自发、主动的知识建构行为，以关注学生在知识、技能、能力和情感态度的实际获得及行为的变化作为评价依据。

（一）发展核心素养的有效学习的理念

从发展核心素养的角度看，有效学习为发展核心素养提供了实施的途径。具体而言，有效学习应是学生自主探究、合作对话、回归拓展的有机结合，不仅包括知识的获得、能力的提升，也包括品格教育的育人目标。

发展核心素养的有效学习理念主要包括：问题导学理念、知识建构理念、独立探究学习理念、合作探究学习理念、全面发展理念。在导学过程中，教师应积极理解和运用这些理念，推动学生的主动学习和主动发展。

1. 问题导学理念

2001年，教育部印发的《基础教育课程改革纲要（试行）》中，强调学习方式由被动学习向自主合作探究学习转型是本次课改的重点任务。而在发展核心素养的有效学习过程中，一个明确、恰当的学习目标是有效学习开展的必要条件之一。在自主合作探究学习的过程中，如何帮助学习者明确学习目标、重点难点，并帮助其理解自主建构的过程呢？韩立福教授认为，学习者（即教师、学生，下同）的学习理念要全程体现"知识问题化、问题能力化、学习问题化"的理念。在学习过程中，学习者要将所学知识尽快转化成问题（概念性问题，原理性问题，习题性问题，拓展性问题）；学习者通过合作探究学习解决问题、培养能力，使整个学习过程实现以问题为主线的学习。通过问题贯穿学生"发现问题、提出问题、分析问题、解决问题"的整个学习过程，进而培养学生的核心素养。

问题导学理念要求学习者将知识转化为问题，并用问题推动知识的学习和深入思考。开始阶段，问题由教师预设，随着学生学习能力的提高，逐步发展为师生合作生成问题，最后变成学生预设问题。问题导学引导学习者通过自主活动建立自主建构的结构，明确自主建构的目标，初步树立有效学习的心理动力，是自主学习和合作探究活动的重要内容。学习者通过知识问题化被动为主动，成为学习的主人。

2. 知识建构理念

建构主义认为，学习是主动建构知识的意义，即根据自己的经验背景，对外部信息进行主动的选择、加工和处理，从而获得自己对知识的理解。而发展核心素养的有效学习，鼓励学习者在自主建构知识的基础上共同学习知识、发展能力、丰富情感。具体体现为：

第一，自主建构。学习者通过自主学习来建构知识。学习者始终以问题导学为主线，围绕问题开展自主性、探究性、活动性学习，在学习者原有认识、经验基础上形成新的认识和经验。学习者通过积极思考、实践和评价实现知识的顺应和同化。自主建构的理念鼓励学习者前置化学习，并在学习中进行独立的思考和结构化的学习，初步建立自己的知识系统，从而提升自主学习的能力，最终达到学会学习的目的。

第二，对话建构。学习者通过合作对话来建构知识。学习者在课前自主建构知识基础上，将围绕发现的问题开展合作探究、对话建构活动，并通过学习者之间的和谐对话活动达到收获分享、规范评价、反思提升的目的。学习者通过对话建构，交流想法，互相启发，从而解决问题，进而达到更高层次的意义达成和知识建构。

第三，活动建构。学习者通过探究活动来建构知识，真正体现了"做中学"的教育思想。学习者根据不同的学习任务和要求开展探究性实践活动，如动手操作、实验探究等活动，使理论假设、问题假设得到验证。学习者通过探究活动发现问题、生成问题，继而对发现、生成的问题进行新一轮的合作探究，使问题得到更加科学的解决。

在以上建构中，应关注学习者的自主性、主动性、生成性、对话性、思维性的学习，着力培养学习者搜集和处理信息的能力、获取新知识的能力、分析和解决问题的能力以及交流合作的能力，同时力求培养学生的学习兴趣。

3. 独立探究学习理念

新课程改革理念强调自主独立探究学习，并将其作为本次课改的重要任务，要求学生能够实现独立学习、探究学习，由过去的被动学习走向主动学习、积极学习，由过去的没有勇气、胆识独立探究学习逐步走向有信心、有智慧、有胆识的主动探究学习。建构独立探究学习理念，有助于学生积极勇敢地探索学习，克服胆怯心理，并培养其探究学习的能力。在独立探究学习理念的引领下，学习者要学会探究学习，掌握探究学习的方法，实现高品质的独立探究学习。

4. 合作探究学习理念

合作探究学习关注学习者的互动观、目标观、情境观及评价观。

互动观是指师生平等参与和互动的过程。合作学习认为，学习是一种人际交往，是一种信息互动。在师生互动的基础上，生生互动、师师互动也是合作学习的一种形式，合作学习将生生互动作为互动的中心。

合作探究学习是一种目标导向活动，合作学习强调动态因素之间的合作性互动，并借此提高学业成绩，培养学习者良好的非认知品质。合作探究学习在教学目标上不仅重视知识目标，而且注重突出教学的情意功能。合作学习认为：只有愿意学，才能学得好。通过合作学习营造的友爱气氛，学习者能建立归属感和价值感。

合作性的情境是指学生在既有利于自己又有利于他人的前提下进行学习，学生的个人目标与小组目标之间是相互依赖的关系。

合作探究学习评价力争关注评价每个小组成员的努力情况。对小组进行计分，形成组内合作、小组间竞争的局面。同时对组员进行鼓励，促进更多学生获得学业成就感。

5. 全面发展理念

全面发展是指学习者通过学习、生活、成长，在德、智、体、美、劳等方面获得全面的发展。同时，学习者不仅可以收获义务教育必需的基本知识、基本技能，还能获得数学学科所承载的严谨求知、坚持不懈、不畏困难、积极进取的精神，学会合作、交流，在逐步学会学习的过程中收获自信和成功。

（二）发展核心素养的有效学习的原则

原则是行动规则、要求。基于有效学习的要素可以发现，自主探究学习、合作探究学习和回归拓展学习是学习者有效学习的必然过程。为更好地落实有效学习，帮助学习者理解主动学习的内涵，发展核心素养的有效学习应遵循如下原则：

1. 自主探究学习原则

自主探究学习是有效学习的关键步骤，坚持自主探究学习，是学习者学习能力提升的必由之路。这就要求学生要转变观念，积极尝试，主动探究，长期坚持，这有利于其发展自主学习能力，发展兴趣。

第一，在自主探究学习中，应关注目标计划性原则，即学生根据教师的学习目标、重点难点、关键问题、学法提示等要求，有目标、有计划地开展自主探究学习；在课前针对文本进行有安排、有步骤的自主探究学习。

第二，在自主探究学习中，应关注最近发展区原则。维果斯基将学生的已有发展水平和可能发展水平之间的差距称为最近发展区。在自主探究学习开始前，教师应关注学生的基础知识是否具备，基本能力是否达到学习新知识的要求。对基础知识薄弱的学生，应将帮扶工作前置化，力争课前解决其学习新知识的基础漏洞。另外，学生刚开始自主探究学习时，会因能力不足而遇到困难，教师应关注学生的自主学习，在开始之初做系统的学法指导。

第三，应关注研究性学习原则。研究性学习的本质是让学生亲历知识的产生与形成过程，通过结构化的自主探究学习，追求知识发现、方法习得与态度形成的有机结合，是培养学生自主探究学习能力的有效途径。在数学学科的自主探究学习中，教材中经常会呈现知识的形成过程，教师的主要任务是让学生学会自己思考和判断。教师要引导学生积极思考问题，学会判断问题的正误、好坏、优劣等；指导学生树立理性质疑、批判性思维意识，凡事都要思考过滤、思维加工。这样，学生的思考能力才会得到提升。

2. 对话合作学习原则

很多学者都研究过合作学习的构成因素，涉及的要素大体包括：小组目标、个体责任、面对面的促进性互动、人际和小组技能以及小组省思。有效的合作探究学习可以促成高质量的生生互动。学生在小组中有相同的目标，在小组中承担的角色互相依存，学习资料共享。每个成员不仅要对自己的学习负责，而且要为其所在小组其他同伴的学习负责。对话合作学习在自主探究学习的基础上拓宽学习的广度，有利于培养学生的责任感、使命感，增强学生的归属感、成就感，是有效学习的重要学习方式。要达成有效的合作探究学习，需要遵循以下原则：

第一，目标一致原则。在小组的建设中，一致的小组目标在合作对话学习中是小组成员的成长动力，也是小组成长、发展的基石，是促进合作对话深入发展的基础。

第二，分工明确原则。小组的学习活动以及组织活动有赖于每个小组成员的有序分工，每个组员都要明确自己的责任并积极承担个人的任务。例如，由不同的学生负责组织不同学科的合作对话学习，每名学生都能获得组织学科活动的归属感。再例如，在合作对话中，清晰的分工使每名学生都可以展示自己的思考成果。通过有序的分工和组织，合作对话能得以高效开展。

第三，互助原则。由于组内异质、组间同质的分组方式，组内会出现暂时学习困难的学生。组内的互相帮助能实现小组全员的能力提升。通过小组的互助原则，保证小组学习困难学生的提高，同时学优生也能得到更多的能力锻炼。通过组内互助，互相提问、解答，拓宽合作对话学习的深度和广度，是有效学习的重要组成部分。

3. 回归拓展学习原则

回归拓展学习，是对已学习的内容进行深入、系统化反思的再次学习过程。回归拓展学习大体经历知识建构、问题解决、拓展训练等过程。回归拓展学习是经过合作对话将问题解决后，进一步关注知识的结构、关注知识的形成过程、关注能力发展的学习过程，是有效学习的重要组成部分。回归拓展学习需要遵循以下原则：

第一，系统网络原则。知识建构的过程是要引导学生建立良好的认知结构，将知识片段结合起来，形成知识系统。通过学习内容的建构图，学生自主地将知识形成网络，理解知识间的联系，更能从整体的角度把握所学内容。

第二，问题生成原则。通过对知识的横、纵向梳理，根据重难点提出原理性问题并突破、解决，学生能主动发现问题、分析问题、解决问题。通过问题生成推动学习者对知识的深入思考，推动自主学习向前进。

第三，应用拓展原则。回归拓展不是简单的知识重复，而是知识的综合与升华。在拓展训练中鼓励学生主动思考，展开联想，在不同情境中综合应用知识解决实际问题，促进知识迁移，从而促进学生核心素养水平的发展。

4. 目标多元化原则

《义务教育数学课程标准（2011年版）》指出，义务教育阶段数学课程的总目标为：获得适应社会生活和进一步发展所必需的数学基础知识、基本技能、基本思想、基本活动经验。它强调在情境（数学情境、其他学科情境、生活情境）中运用数学思维方式思考的能力，增强学生发现和提出问题的能力、分析和解决问题的能力；了解数学的价值，提高学习数学的兴趣，增强学好数学的信心，养成良好的学习习惯，具备初步的创新意识和科学态度。

可见，有效的学习不仅要使学习者获得基本知识，而且需要使其获得下一阶段必需的关键能力，并积累学习的基本经验。因此，有效学习的目标既关注结果，又关注学习者是否经历过主动建构的、有效的学习过程，同时，还需要关注学习者在学习自信、学习兴趣、学习习惯上的进步。

总之，在高考改革背景下，以及时代要求发展中国学生核心素养育人目标的框架下，落实"一切为了学生的发展"和"以人为本"的理念，需要教师在指导学生有效学习的实际行动中，用发展核心素养的有效学习行动原则指导学生的学习。

## 二、基于发展核心素养的学业水平评价新思路

教育评价过程是按照特定的目标和标准，对教育行为和教育主、客体所进行的价值判断的过程。针对学生的评价不仅要关注学生的学业成绩，而且要发现和发展学生多方面的潜能，充分了解学生发展中的需求，帮助学生全面认识自我、建立自信，发挥评价的教育功能，促进学生在原有水平上的继续发展。

长期以来，学生的学业评价主要是以教师和教育主管部门的评价为主，以学生的学业分数作为评价的主要标准，通常侧重于评价的甄别、筛选和批判性功能，重视终结性评价和相对评价等。用这种评价方式作为选拔、区分学生的唯一手段，不仅不利于促进学生的全面发展，而且存在明显的不合理性。它带来的直接危害表现为：过于关注学生的学业成绩，甚至把学业成绩当作唯一评价学生的方式，造成学生的片面发展，忽视大多数学生的发展。因此我们要积极树立新的评价标准和观念，以"创造适合学生发展的教育"来适应新课程改革和素质教育的需要。新课程学生评价要求我们要转变"选择适合教育的学生"的观念，要明白评价是为了更好地"创造适合学生的教育"，促进学生积极、主动的发展。

目前，在中国学生发展核心素养的育人目标框架下，新高考改革已然实施，如何去适应新高考改革发展的需要，建立符合新

高考改革背景下的学业水平要求并促进学生发展的教育评价体系，已成为新高考改革中的一项重要任务。

基于发展核心素养的学业水平评价，初中数学学科也应从以"教"为主的课堂教学逐步走向以"学"为主的课堂学习。以"学"为中心的有效教学是以核心素养为发展目的的学习过程，包含"课前""课中""课后"三个阶段。为全面准确地开展学习与学业评价，在以"学"为中心的有效教学视野下，我们对这三个学习阶段的学业评价思路进行创新，实施以初中数学教材中各类问题与核心素养点相结合的评价新思路，将学生核心素养基本点与学科学习行为结合，具体采用"自主探究学习与学业评价""合作对话学习与学业评价""回归拓展学习与学业评价"三大评价路径和创建"学科学习文件夹"来予以实现。

(一) 自主探究学习与学业评价的新思路

1. 文化基础部分

文化是人存在的"根"和"魂"。文化基础强调能习得人文、科学等各领域的知识和技能，掌握和运用人类优秀的智慧成果，涵养内在精神，追求真善美的统一，发展成为有宽厚文化基础和更高精神追求的人。

该部分内容的目的是将学科知识问题与人文积淀、人文情怀、审美情趣、理性思维、批判质疑、善于探究素养基本点相结合，进一步厘清数学学科在"自主探究学习"中发展学生核心素养的评价点，形成促使核心素养培养真正"落地"的抓手。

| 两大要素 | | 六个基本点 | 自主探究学习与学业评价点 |
|---|---|---|---|
| 文化基础 | 人文底蕴 | 人文积淀 | 预习中关注作者、发明和知识背景 |
| | | 人文情怀 | 预习中对重要人物、事件深刻理解 |
| | | 审美情趣 | 预习中自主初步发现人物形象美、知识结构美、逻辑关系美、心灵思想美 |
| | 科学精神 | 理性思维 | 预习中养成对知识理解基础上进行理性分析的思维习惯，养成多角度研究知识结构体系的好习惯 |
| | | 批判质疑 | 预习中对结论性知识进行质疑，对各种结论都要带着质疑的眼光学习，把"这个结论正确吗"视作学习的出发点 |
| | | 善于探究 | 预习中进行大胆探究，文科知识要探究其合理性、严谨性；对理科知识要探究其科学性、规律性、形成性。如课程为理科实验内容，要鼓励和引导学生进行自主探究 |

### 2. 自主发展部分

自主性是人作为主体的根本属性。自主发展重在强调能有效管理自己的学习和生活，认识和发现自我价值，发掘自身潜力，能有效应对复杂多变的环境，成就出彩人生，发展成为有明确人生方向、有生活品质的人。

该部分内容的目的是将学科知识问题与乐学善思、勤于反思、信息意识、珍爱生活、健全人格、自我管理素养基本点相结合，进一步厘清数学学科在"自主探究学习"中发展学生核心素养的评价点，形成促使核心素养培养真正"落地"的抓手。

| | 两大要素 | 六个基本点 | 自主探究学习与学业评价点 |
|---|---|---|---|
| 自主发展 | 学会学习 | 乐学善思 | 学生掌握预习方法，在预习中培养学习兴趣，养成"这个结论正确吗"的思考问题的好习惯 |
| | | 勤于反思 | 在预习中要养成思考"通过预习我学会了什么"的好习惯 |
| | | 信息意识 | 在自主预习过程中要主动获取知识信息，养成查找资料的好习惯 |
| | 健康生活 | 珍爱生命 | 在文科预习中敬畏自然，尊重生命，初步感知生命的意义和价值 |
| | | 健全人格 | 在预习中主动汲取文本里的主人公、作者的高贵品质和营养，形成初步认知，能够辨别哪些行为是科学、规范的 |
| | | 自我管理 | 在自主预习中能对预习结构进行自我评价 |

**3. 社会参与部分**

社会性是人的本质属性。社会参与重在强调能处理好自我与社会的关系，养成现代公民所必须遵守和履行的道德准则和行为规范，增强社会责任感，提升创新精神和实践能力，促进个人价值的实现，推动社会发展和进步，成为有理想信念、敢于担当的人。

该部分内容是将初中数学学科知识问题与社会责任、国家认同、国际理解、劳动意识、问题解决、技术运用素养基本点相结合，进一步厘清数学学科在"自主探究学习"中发展学生核心素养的评价点，形成促使核心素养培养真正"落地"的抓手。

| 两大要素 | 六个基本点 | 自主探究学习与学业评价点 |
|---|---|---|
| 社会参与 | 社会责任 | 在预习过程中，一方面让学生从文本人物、事件中领会他们的社会责任、敢于担当的精神，强化学生的社会责任意识；另一方面在小组中赋予学生新的角色和责任，让他们对同学、对小组、对班级荣誉负责 |
|  | 国家认同 | 在预习中，通过对文本内容的自主学习，结合相关内容，能够热爱国家、感恩国家，初步体会祖国历史文化的非凡价值和意义 |
|  | 国际理解 | 在预习中，能够根据相关内容，增强地球村意识，初步形成国际化意识 |
|  | 劳动意识 | 在预习中，能够从文本内容中体会劳动的积极意义，初步形成喜欢劳动、热爱劳动的意识 |
|  | 问题解决 | 在预习中体现问题学习意识，学会自主发现问题，对能够解决的基础性问题进行解决，对不会解决的生成问题 |
|  | 技术运用 | 在预习中学会上网查阅资料，利用媒体课件进行前置性学习，同时能够开发课中所需的PPT等支持型资料 |

注：表中"责任担当"跨社会责任、国家认同、国际理解三行；"实践创新"跨劳动意识、问题解决、技术运用三行。

（二）合作对话学习与学业评价新思路

1. 文化基础部分

该部分内容是将初中数学学科知识问题与人文积淀、人文情怀、审美情趣、理性思维、批判质疑、善于探究素养基本点相结合，进一步厘清数学学科在"合作对话学习"中发展学生核心素养的评价点，形成促使核心素养培养真正"落地"的抓手。

| | 两大要素 | 六个基本点 | 合作对话学习与学业评价点 |
|---|---|---|---|
| 文化基础 | 人文底蕴 | 人文积淀 | 讨论探究人物成长的经历和成就 |
| | | 人文情怀 | 在讨论、展示中对人物、事件、成就的意义进行感悟、总结、提升 |
| | | 审美情趣 | 通过对话品味知识形成的过程美和价值美，深刻品味人物形象美、知识结构美、逻辑关系美、心灵思想美 |
| | 科学精神 | 理性思维 | 讨论展讲中对知识学习、问题解决进行深刻分析，学会从多角度分析问题 |
| | | 批判质疑 | 在小组讨论过程中对结论性知识进行批判和质疑；在展讲过程中对结论性、推导性结果的合理性进行质疑 |
| | | 善于探究 | 在讨论、展讲环节中引导学生进行探究。对教师和学生的预设问题要进行思考探究、对话探究、实验探究 |

2. 自主发展部分

该部分内容是将初中数学学科知识问题与乐学善思、勤于反思、信息意识、珍爱生活、健全人格、自我管理素养基本点相结合，进一步厘清数学学科在"合作对话学习"中发展学生核心素养的评价点，形成促使核心素养培养真正"落地"的抓手。

| | 两大要素 | 六个基本点 | 合作对话学习与学业评价点 |
|---|---|---|---|
| 自主发展 | 学会学习 | 乐学善思 | 在课中学会讨论学习、展示学习的方法和策略，在这个过程中体验成功的乐趣；在讨论、展讲中对每个问题的解决都要进行深度思考，不要进行简单复制和"搬家式"学习 |
| | | 勤于反思 | 在课中要养成思考"通过课堂学习我发现了什么"的好习惯 |
| | | 信息意识 | 在讨论、展讲过程中要加工信息、整合信息，形成个性化知识信息储备并培养信息处理方法及能力，对所学知识进一步深刻理解 |
| | 健康生活 | 珍爱生命 | 在讨论、展讲过程中，要深刻理解和全面体会大自然中的动植物、人类、地球、宇宙的存在价值和意义 |
| | | 健全人格 | 在讨论、展讲中能够深刻体会文本中人物及作者伟大品格的意义和价值，通过对话达到赞赏、倾慕的境界 |
| | | 自我管理 | 在讨论、展讲中对所发表的观点、完成的任务性工具单进行自我评价 |

**3. 社会参与部分**

本部分内容是将初中数学学科知识问题与社会责任、国家认同、国际理解、劳动意识、问题解决、技术运用素养基本点相结合，进一步厘清数学学科在"合作对话学习"中发展学生核心素养的评价点，形成促使核心素养培养真正"落地"的抓手。

| | 两大要素 | 六个基本点 | 合作对话学习与学业评价点 |
|---|---|---|---|
| 社会参与 | 责任担当 | 社会责任 | 在讨论、展讲中，一方面让学生体会、感悟文本人物的所负的社会责任的积极影响；另一方面通过对每名成员的学习过程负责，确保班级学习效果，通过多元主体评价来落实课堂学习效果，培养社会责任意识 |
| | | 国家认同 | 通过讨论、展讲学习更加热爱国家，认同国家的法律，认同社会主义核心价值观，认同国家的文化、政治，深深感受自身发展与国家的繁荣昌盛息息相关 |
| | | 国际理解 | 在讨论、展讲学习中，对当今网络时代背景下的国际社会发展有新的认识，能够理解中国的国际地位，以及与国际社会和谐发展的重要性 |
| | 实践创新 | 劳动意识 | 通过讨论、展讲学习深刻理解学会劳动的长远意义和重要价值，克服"啃老"或贪图享乐的不健康心理 |
| | | 问题解决 | 在讨论、展讲、探究中对重点、难点问题要通过对话和实践探究进行解决 |
| | | 技术运用 | 在讨论、展讲、实验、拓展训练学习中，能够规范、科学、熟练地使用信息技术手段，提高学习效率 |

(三) 回归拓展学习与学业评价新思路

1. 文化基础部分

该部分的内容是将初中数学学科知识问题与人文积淀、人文情怀、审美情趣、理性思维、批判质疑、善于探究素养基本点相结合，进一步厘清数学学科在"回归拓展学习"中发展学生核心素养的评价点，形成促使核心素养培养真正"落地"的抓手。

| 两大要素 | | 六个基本点 | 回归拓展学习与学业评价 |
|---|---|---|---|
| 文化基础 | 人文底蕴 | 人文积淀 | 坚持回归复习，深刻理解和掌握所学知识 |
| | | 人文情怀 | 在回归复习中形成个性化理解和升华 |
| | | 审美情趣 | 在达到理解知识美的基础上追求十分喜欢的高度，寻找到学习的情趣 |
| | 科学精神 | 理性思维 | 在回归复习中对理性分析的结果进行归纳 |
| | | 批判质疑 | 在回归复习中对曾批判和质疑的结果性知识进行归类和总结 |
| | | 善于探究 | 在回归复习中对尚未解决的问题进行再一次探究 |

2. 自主发展部分

本部分内容是将初中数学学科知识问题与乐学善思、勤于反思、信息意识、珍爱生活、健全人格、自我管理素养基本点相结合，进一步厘清数学学科在"回归拓展学习"中发展学生核心素养的评价点，形成促使核心素养培养真正"落地"的抓手。

| | 两大要素 | 六个基本点 | 回归拓展学习与学业评价 |
|---|---|---|---|
| 自主发展 | 学会学习 | 乐学善思 | 在回归复习中体验学习成功的快乐，对学过的知识进行结构化思考和梳理归纳 |
| | | 勤于反思 | 在课后要养成思考"我还有什么不会"的好习惯 |
| | | 信息意识 | 在回归复习中对存在困惑的知识点要进行拓展性、开放性信息收集、加工和完善 |
| | 健康生活 | 珍爱生命 | 每名学生在生活实践中要做到尊重生命和珍爱生命 |
| | | 健全人格 | 使高贵品格能够内化于心灵，转化为行为，使学生人格得到进一步完善 |
| | | 自我管理 | 在课后对学科文件夹进行自我管理和科学管理 |

3. 社会参与部分

该部分内容是将初中数学学科知识问题与社会责任、国家认同、国际理解、劳动意识、问题解决、技术运用素养基本点相结合，进一步厘清数学学科在"回归拓展学习"中发展学生核心素养的评价点，形成促使核心素养培养真正"落地"的抓手。

| | 两大要素 | 六个基本点 | 回归拓展学习与学业评价 |
|---|---|---|---|
| 社会参与 | 责任担当 | 社会责任 | 深刻理解大家所负社会责任的积极意义，能够在实践中敢于负责，成为一个富有社会责任的公民 |
| | | 国家认同 | 在课后实践中拥护国家法律，遵守法规，做一个热爱国家、热爱人民、热爱家庭、热爱父母的中国人 |
| | | 国际理解 | 在课后能够拓展国际视野，在参与国际活动中成为遵守各国法律、自觉维护国家形象的国际人 |
| | 实践创新 | 劳动意识 | 在课后实践中能够热爱劳动，成为热爱劳动的积极分子 |
| | | 问题解决 | 在课后回归复习中，能够进行问题拓展学习，培养综合解决问题能力 |
| | | 技术运用 | 在课后回归复习中，将知识归纳、实验报告、拓展学习资料等内容，采用信息技术手段进行管理和优化 |

（四）创建学科学习文件夹的学业评价新思路

实现发展核心素养的有效学习，需要教师创建教学文件夹、备课文件夹，学生创建学习文件夹。

1. 创建教师教学文件夹

教师的教学文件夹是其教学理念、教学思路、教学技能、教学能力、教学风格以及促进学生全面发展的具体见证。教师的教学文件夹是一种真正可信的自我评价方式，它可以让教师从内部角度考察自己是否思考教学，是否能够全面系统地考察有效教学的准备程度。创建教师教学文件夹的过程是一种展示教师教学组织技能和创新能力的过程，也是教师向同行及学校汇报自己优质教学准备的过程，更是自己走向成功教师的一次富有成效又有创新意义的体验过程。

创建教师教学文件夹的优势在于：第一，不断完善与改进有效教学，为促进学生全面发展提供优质服务；第二，不断提高教师教学能力，有效促进教师的专业发展。教师教学文件夹的选择在形式与格式上，没有严格而统一的要求，可以选择活页文件夹、艺术特色的箱包等，最好选择能够体现教学领域、学科特色和创造风格的呈现方式，不同年级、不同年龄、不同学科的教师可以创建不同风格、不同特色的教师教学文件夹，既实用，又方便，既美观，又简洁。教师教学文件夹可以作为一个单元教学设计的文件夹使用，也可以是一次课的教学设计文件夹，需要教师创新性地设计与安排。

教师教学文件夹可以包括以下内容：教育观；课时教学计划；全景式评价材料；"问题评价"汇总表及问题签；学生预习作业评价表；个性化指导计划；学习方式与技巧安排；分组对话、作业、练习与思维训练操作表；课前搜集与展示资料；情景教学道具明细表及准备情况；教案（纸制文本）；U盘及光盘（课件与呈现材料）；相关材料等。

2. 创建学生学习文件夹

在传统教学视野下，学生最常用的学习辅助材料有作业本、笔记本等。随着一个学期或一个单元学习任务的完成，许多学生就把作业本、笔记本随意丢掉，曾经洒下勤奋汗水、记录着学习过程和方法的作品就这样被丢弃了。由于这些作品在学生学习过程中是用于机械训练的简单辅助学习工具，所以，在复习过程中无法发挥其应有的作用。而在以"学"为中心的视野下，我们创新了传统意义上的作业本和笔记本，使其成为具有建构式学习特征的问题学习工具本和表征学生学习过程及方法的作品资料，记载着学生各个阶段的学习过程、方法、智慧和成就等。可以说是证明学生学习进步的"沉甸甸的礼物"。为了使这些厚重的"礼物"能够促进学生的全面发展，我们要创建学科学习文件夹。学科文件夹管理使学生的学习走向素质教育评价。

学生学科学习文件夹可以包括以下内容：学科学习计划；学科有效预习笔记；有效作业评价与分析表；基础知识评价单；问题解决评价单；目标达成评价单；学科学习反思日记；阶段性学习总结；阅读书目清单；学习报告、实验报告、调查报告、综合实践报告、专题作品评价表（包括活动照片、音像资料）；学科阶段性考试试卷；学科阶段性学业成绩分析与评价一览表；各学科阶段性作品、成果样本集；本学期学科考试、竞赛获得各种奖励证书及登记表；家长反馈调查问卷（家长填写）；学科学习文件夹评价表；其他资料等。

3. 创建备课文件夹行动

新高考改革对教师提出了更高的要求，不仅是在教学理念方面，更多是在教学行为方式方面。为适应时代的需要，教师在建立教学文件夹的基础上，还要建立学科备课文件夹。随着备课理念和要求的变化，备课方式和形式也要发生变化。在基于核心素养的有效教学中，备课要按课题或主题开展结构式备课，而不是按小节（片断教学）备课。例如，八年级上学期数学（人教版）共有五章62课时，教师就需要备62个教学设计，开发不少于180个基于自主探究、合作对话、回归拓展学习的工具单，创建62个备课文件夹。当然，具体的教学设计数量可以根据教学内容量的多少或实际学情来确定，科学地建立备课文件夹。当教师随着教龄的增长，备过一轮课后，如果教材没有变化，就可以在教学实践中，根据教学需要、课程资源积累情况，并结合学生的差异和需要，不断完善、丰富、提高资料内涵，而无须再重新备课。

备课文件夹可以包括以下内容：本单元的教案（纸制文本，包括"问题发现单""问题训练单"等附件）；"问题评价"汇总表及问题签；课前教师或学生搜集与展示资料；创设教学情景所需道具明细表（实物另行安排）；学生预习作业评价表；媒体资料（包括课件与呈现材料）以及相关材料。只有教师开展了这样的行动，才能称得上是真正的研究性教学，才能与教师专业成长相得益彰，这是有效备课的一种方式。新课程教师要遵循有效教学的原则，沉下心来，踏踏实实地创建备课文件夹，认认真真地设计每节课。

## 三、实施以工具单评价为支撑的学业水平评价

为了使学业水平评价能够"落地"，教师必须"选择一系列相关的技术工具作为共同体的活动平台，如储存记忆和支持交流"。根据发展核心素养的有效学习需要，我们开发了与之相对应的以工具单评价为支撑的学业水平评价载体：一是课前自主探究学习所使用的基础知识评价单，对基础知识和技能的掌握程度进行科学、多元评价；二是课中合作探究学习所使用的问题解决评价单，对重难点问题通过合作探究方式解决，培养学生的问题解决能力；三是课后拓展探究学习所使用的目标达成评价单，这个表将量性评价和质性评价相结合，将例题、习题、练习题完成情况进行量化管理，对课后研究性学习、拓展性学习和课后总结进行质性的描述性评价。通过三张评价表保障"学业水平"能得到持续提高。评价表的开发与设计是开展学业水平评价的重要环节，必须在充分理解其内涵的基础上，按照开发的原理和步骤，不断学习和完善，这样才能达到理想的评价效果。

（一）工具单的开发要以"问题"导学为内涵

这里的"问题"是以"学"为中心的特定概念，具有学术特性的内涵，指特定情境下未知的"东西"。工具单要特别突出"问题"要素的地位，全程体现知识问题化、目标问题化理念，追求"问题"学习主线的学习，而不是传统的教师为主线的学习。一般而言，可以将"问题"分为概念性问题、原理性问题、习题性问题和拓展性问题。

（二）工具单开发要基于"问题"转化原理

教师必须要通过走进文本，将文本知识转化为问题，并根据基础知识评价单、问题解决评价单、目标达成评价单的要求，将问题迅速设计在三个工具单上。如下图：

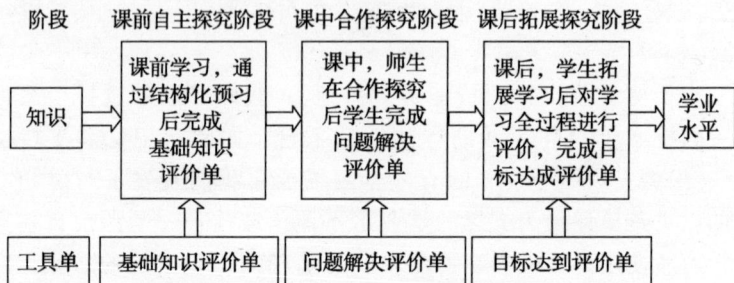

| 阶段 | 课前自主探究阶段 | 课中合作探究阶段 | 课后拓展探究阶段 | |
|---|---|---|---|---|
| 知识 | 课前学习，通过结构化预习后完成基础知识评价单 | 课中，师生在合作探究后学生完成问题解决评价单 | 课后，学生拓展学习后对学习全过程进行评价，完成目标达成评价单 | 学业水平 |
| 工具单 | 基础知识评价单 | 问题解决评价单 | 目标达到评价单 | |

（三）教师个体开发工具单的一般流程

第一，教师要熟读文本内容，对每节的教材内容至少要读6—10遍，具体操作时，可以根据自己的理解能力确定阅读遍数。通过真正阅读走进文本，了解文本知识和内外逻辑关系，分析出知识体系的内在关系和它的系统性、整体性、关联性。要在反复研读的基础上，对文本问题进行深度研究和学习，分析出教材知识中的重点和难点。

第二，教师要关注差异，结合目标和课程标准，生成个性化学习目标。教师要根据学科课程特征和对教学内容的理解，依照自己的教学风格与教学特点对教学内容进行个性化分析，厘定教学目标，对教学重点和难点进行深刻分析，也可以提出具体的教学对策和宏观的思路。

第三，在学习目标和教学分析的基础上，将所有"问题"明确分类，实现知识问题化，列出概念性问题、原理性问题、拓展性问题和习题性问题，并根据问题的层次性（基础性、发展性和提高性）来提炼和优化问题，将要解决的问题分列到不同的工具单上。

第四，按基础知识评价单、问题解决评价单、目标达成评价单进行具体内容设计。（1）基础知识评价单由教师设计，包括学习目标、重点难点、关键问题、学法指导、知识链接、要解决的问题（预习评价）、未解决的问题和多元评价。（2）问题解决评价单先由教师设计，逐步走向师生共同设计和完成。包括学生生成问题、教师预设问题、多元评价。（3）目标达成评价单由教师设计，包括问题呈现和多元评价。

| ●基础知识评价单<br>（基础性） | ●问题解决评价单<br>（发展性） | ●目标达成评价单<br>（提高性） |
|---|---|---|
| 模块： | 模块： | 模块： |
| ①【学习目标】 | ①【学生生成问题】 | ①【习题问题管理】 |
| ②【重点难点】 | | |
| ③【关键问题】 | | |
| ④【学法指导】 | ②【师生预设问题】 | ②【教师设计问题】 |
| ⑤【知识链接】 | | |
| ⑥【预习评价】 | | |
| ⑦【我的问题】 | | |
| ⑧【多元评价】 | ③【多元评价】 | ③【多元评价】 |

第五，参阅教辅，提炼完善，吸收整合学生问题，优化评价。

第六，评价质量，创建备课文件夹。教师在个性化建构后，要结合学生核心素养发展的需要，不断自我研究和修缮，达到优化完善的目的。按照目标性、导学性、问题性、评价性、指向性来评价问题工具的设计质量。

（四）备课组集体开发工具单一般程序

（1）集体备课，充分讨论，制订开发标准。

（2）按照教师个体开发程序，分工设计，单位时间内完成开发任务。

（3）指导学生结构化预习，鼓励学生发现问题、生成问题，教师吸收问题，达到师生协商、共同生成问题的师生共备的目的。

（4）优化完善，各教备组要通过教研活动的形式认真把关，确保工具单的质量。

**案例：**

**北京市丰台区东铁匠营第一中学校集体备课准备及流程要求**

**一、前期准备**

（一）提前按照结构化备课要求开展个人备课，准备好"基础知识评价单""问题解决评价单""目标达成评价单"及相应课件资料等。

（二）人手一份复印资料。

（三）笔记本电脑。

**二、集体备课流程**

（一）组长考勤，交换学习工具单、课件等资料。

（二）组员轮流分课时、课型说课。

1. 分析教学目标、教学重难点；

2. 分析关键问题、罗列问题清单和问题分类；

3. 分析教师预习评价问题、教师问题；

4. 分析重难点问题突破策略（课件、辅助教学）；

5. 分析训练问题、目标达成问题。

（三）研究回归拓展训练、分析潜能生转化效果、分析教学成绩等，讨论针对性措施。

（四）分配下周本组教研活动任务。

**三、完成学校临时安排的任务**

**四、集中交流（三楼学术厅）**

集体备课活动流程图

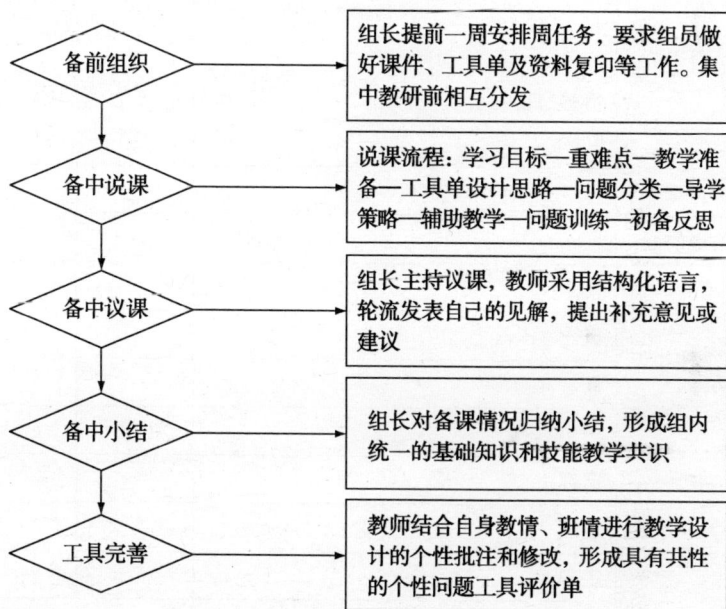

| 备前组织 | → | 组长提前一周安排周任务，要求组员做好课件、工具单及资料复印等工作。集中教研前相互分发 |
| --- | --- | --- |
| 备中说课 | → | 说课流程：学习目标—重难点—教学准备—工具单设计思路—问题分类—导学策略—辅助教学—问题训练—初备反思 |
| 备中议课 | → | 组长主持议课，教师采用结构化语言，轮流发表自己的见解，提出补充意见或建议 |
| 备中小结 | → | 组长对备课情况归纳小结，形成组内统一的基础知识和技能教学共识 |
| 工具完善 | → | 教师结合自身教情、班情进行教学设计的个性批注和修改，形成具有共性的个性问题工具评价单 |

**五、三个"工具单"模板**

（一）课前支持工具：基础知识评价单模板设计

＊＊＊＊＊＊＊＊＊＊＊基础知识评价单

设计人：　　　审核人：　　　序　号：

班　级：　　　组　名：　　　姓　名：

【基础知识】

| 类　别 | 主要内容 | 掌握程度 | 备　注 |
|---|---|---|---|
| 学习目标 | 知识与技能：<br>1.<br>2.<br>3.<br>过程与方法：<br>4.<br>5.<br>情感态度与价值观：<br>6. | | |
| 重点难点 | | | |
| 关键问题 | | | |
| 概念性知识 | 概念1： | | |
| | 概念2： | | |
| | 概念3： | | |
| | …… | | |
| 原理性知识 | 定理1： | | |
| | 定理2： | | |
| | 定理3： | | |
| | …… | | |
| 实践性知识 | | | |
| | | | |
| | | | |
| 备　注 | | | |

## 【多元评价】

| 自我评价 | 同伴评价 | 小组长评价 | 科代表评价 | 任课教师评价 |
|---|---|---|---|---|
|  |  |  |  |  |

使用说明：

① 教师在备课时开发基础知识评价单，准确、规范地写出学习目标，把概念性知识和原理性知识的名称列清楚。例如，概念1：什么是分式？

② 学生课前领到这张工具单后，在课前自主探究学习时完成，先预习，然后合书填写，尽可能不要一边预习一边抄上去。

③ 课前学生对"掌握程度"进行自评，课后教师和科代表组织多元评价。

此工具单是在预习之前下发的，让学生课前完成。前提条件是教师要利用课堂时间对学生进行1—3次规范指导，重点引领学生阅读文本的方法，而不仅仅是为了完成此工具单。针对初中数学而言，概念性知识包括概念、数学史等；原理性知识包括运算法则与运算律、公式、程序性知识（如方程解法）、几何基本事实和定理等；习题性问题包括文本上的例题、习题和练习等；拓展性问题是教师基于上述三类问题、围绕教学内容开展拓展学习而发现的问题。在基础知识评价单上的"学习目标""重难点"和"关键问题"是针对整个学习内容的，而不仅仅是一课时的目标，目的是给学生进行自主学习以导向，具有整体性和全程性。这张工具单上的原理性知识和实践性知识应相对较为基础，是基于学生能力发展通过自主探究学习能完成的，难度不宜太高。

（二）课中支持工具：问题解决评价单（问题训练评价单）
模板设计

＊＊＊＊＊＊＊＊问题解决评价单

设计人：　　　　审核人：　　　　序　号：

班　级：　　　　组　名：　　　　姓　名：

**【教师预设问题】** 主要是呈现原理性知识的问题，教师预设，
一般是 3—5 个问题。

问题 1：

问题 2：

问题 3：

问题 4：

问题 5：

**【多元评价】**

| 自我评价 | 同伴评价 | 小组长评价 | 科代表评价 | 任课教师评价 |
|---|---|---|---|---|
|  |  |  |  |  |

使用说明：

① 教师在备课时开发问题解决评价单，科学、准确、规范地
写出本课所要解决的问题 1、问题 2……

② 学生课前领到这张工具单后，在课前自主探究学习时完
成，也可以在课前小组内探究后完成问题解决，课中可以继续开
展小组讨论来解决问题。如果课前学生实在不能完成，教师要在

课中给予规范讲解，学生利用此工具单进行详细记录。

③ 课中和课后组织实施多元评价。

此工具单一般是第一课时后下发，学生在家独立思考完成后，在课堂上进行讨论探究学习。这里教师预设的问题是原理性问题，如程序性知识的步骤、运算的算理、蕴含的思想方法、几何定理的证明等。问题不宜太多，根据文本内容、学生的身心发展特点进行科学、合理的设计，注意一定要体现目标里的重难点，关键问题也应该在这里呈现。

＊＊＊＊＊＊＊＊问题训练评价单

设计人：　　　　审核人：　　　　时　间：

班　级：　　　　姓　名：

【水平训练】本单是课中训练单，题量不宜太多，一般设计5分钟的训练题量，也可以根据学科性质适当调整。

注：6＋3＋1结构，即基础题60分，中档题30分，难题10分。

【多元评价】

| 自我评价 | 同伴评价 | 学科长评价 | 小组长评价 | 学术助理评价 |
|---|---|---|---|---|
|  |  |  |  |  |

使用说明：

① 教师在备课时根据需要开发水平训练评价单，本单由两个模块构成：水平训练和多元评价。此工具单不是常规工具单，一般在新授课或问题解决课使用。教师要科学、准确、严谨地编辑"水平训练"模块上的拓展训练题，相当于课堂检测单。此单不得课前下发。

② 学生在课中领到此单后，在规定时间内完成。教师可以在组织课中小组内探究后，开展展讲解决。也可在学生完成后，教

师在课中给予规范讲解，以便学生及时修改和规范答案。

③ 课后组织实施多元评价。

此工具单是根据学习内容的容量和难易程度而选择添加的。例如，在教学"乘法公式"第一课题时，因为容量相对较大，对公式理解的要求要高一些，一定要加入此单，进行当堂的知识提炼训练和知识迁移训练。但注意此单是针对重点知识进行再次深入的考查学习，所以题量不宜多，最好是学生能当堂完成。

（三）课后支持工具：目标达成评价单模板设计

**＊＊＊＊＊＊＊＊＊＊＊＊＊目标达成评价单**

设计人：　　　　审核人：　　　　序　号：

班　级：　　　　组　名：　　　　姓　名：

**【目标达成】**

| 类　别 | 数　量 | 完全掌握的数量 | 没有掌握的数量 | 没有掌握的原因 |
|---|---|---|---|---|
| 概念性知识 | | | | |
| 原理性知识 | | | | |
| 例　题 | | | | |
| 练习题 | | | | |
| 习　题 | | | | |
| 自我评价 | | | | |

**【水平检测】**（一般设计 6—8 个题，根据学科特点自行调节）

**【多元评价】**

| 自我评价 | 同伴评价 | 小组长评价 | 科代表评价 | 任课教师评价 |
|---|---|---|---|---|
| | | | | |

使用说明：

① 教师在备课时开发目标达成评价单，此单由三个模块构成：目标达成、水平检测和多元评价。教师要科学、准确、严谨地编辑"水平检测"模块上的拓展训练题。

② 学生课后领到此单后，在自主探究学习时完成，也可以课后继续开展小组讨论来解决评价问题。如果有难度的问题或共性问题，教师再寻找时机给予规范讲解，学生利用此工具单进行详细记录。

③ 课后组织实施多元评价。

此工具单是在完成新知识授课后下发的，学生在课后完成。针对初中学生对数学学科的认知特点，概念性知识、原理性知识、例题、习题、练习题的数量由教师在设计工具单时填写，刚开始实施时建议教师用课堂时间进行一两次规范性的指导。"水平检测"环节相当于对整个学习内容的知识进行检测，附上分值，便于学生进行学业水平的自我评价和合作评价。

基于数学学科的特点，希望广大一线教师在开发此套工具单时，根据课程内容进行灵活的整合应用，切忌生搬硬套、呆板嵌入。希望各位同仁在建设开放多元而有活力的初中数学课堂的同时，借助工具单让整个数学学习活动变得自主高效，从而达成基于核心素养的学业水平评价，全面提升学生的数学学科素养和综合素质。

# 第二章

## 基于核心素养的自主探究
## 学习与学业评价

▶　　自主探究学习是培养学生核心素养十分重
要的环节和关键的阶段，学科教师要高度重视，
引导学生学会基于发展核心素养的自主探究学
习。学科教师不仅要为学生提供自主探究学习的
理念指引，还要为学生学会科学自主探究学习提
供方法指导。指导学生在课前自主探究学习过程
中将核心素养的十八个基本点落实到学科学习过
程中，并且要指导学生学会如何使用基础知识评
价单，通过使用基础知识评价单落实课前学业水
平评价，确保学生课前学业水平成绩。

本章主要写课前教师应如何引导学生开展基
于核心素养的自主探究学习和开展学业评价活
动。具体包括三个方面：一是学生在课前开展基

于发展核心素养的自主探究学习过程中，将倡导什么样的自主探究学习理念，将遵循什么样的自主学习原则。二是学生在课前自主探究学习过程中如何与文本实现"三次对话"，并在实现"三次对话"过程中如何将核心素养的十八个基本点与文本学习实现有效对接。三是学科教师如何促进学生在课前自主探究学习过程中以基础知识评价单为抓手开展学业水平评价。具体指学生个体如何自主完成基础知识评价单；学生小组如何完成对基础知识评价单的多元评价。

## 一、基于发展核心素养的自主探究学习理念和原则

自主探究学习是发展核心素养的重要途径和主要渠道，核心素养是在教师正确引导下，师生共同合作培育起来的，而不是靠教师"教"出来的。发展和培育学生核心素养主要是通过学生自主探究学习而自发、自愿养成的，贯穿于课前自主探究学习的全过程。中国学生核心素养基本内涵中指出：学会学习，主要是学生在学习意识形成、学习方式方法选择、学习进程评估调控等方面的综合表现。具体包括乐学善学、勤于反思、信息意识等基本要点。可见，学会学习重点指向学习意识、学习方法、形成性评价这几个关键点，而培养学生自主探究学习意识和自主探究学习能力是学会学习的首要前提。传统教育教学方式强调教师讲授的功能，忽视了学生自主探究学习的过程和能力的培养，也忽视了在自主探究学习过程中培养和发展学生的核心素养。在以学生为本的课堂教学中，教师要呼唤、激发、引导学生，使学生成为自主学习的主人，引导学生由被动学习转向主动学习。课前自主探究学习阶段的学习行为在整个学习活动中起着关键作用。课前是学生进行自主探究学习的黄金期，能让后面的学习产生事半功倍的效果。各学科教师要站在终身教育、终身发展的高度认识和重

视自主探究学习的过程，这也是一线教师工作的转型重点之一。本章节聚焦于课前学生的自主探究学习理念、原则、方法和评价，通过《学生核心素养基本点与学科教学中学习行为结合点研究》进行指导。

（一）自主探究学习理念

2001 年国家教育部颁布《基础教育课程改革纲要（试行）》，强调学习方式由被动学习向自主合作探究学习转型是本次课改的重点任务。自主探究学习是本次新课程理念所倡导的一种学习方式，它要求学生做学习的主人，在教师的引导下发挥自己的主观能动性，调动自己的各个感觉器官，通过动手、动眼、动嘴、动脑，主动地获取知识。学生有效学习下的自助探究学习理念主要包括：前置性学习理念、自主学会学习理念、独立探究学习理念、高成就学习理念。学科教师在学科教学过程中，要认真落实这些基本理念，努力转变学生的学习方式、开发学生的潜能、推动课堂教学转型，促进学生主动发展。

1. 前置性学习理念

现今社会已进入信息化社会，信息时代缩短了人们曾经习惯的时空跨度。在知识爆炸、信息爆炸的时代，循序渐进的学习方式已经很难顺应时代潮流了。改变传统的学习方式，采用跳跃超前的学习，已成为一种必然。

从全球范围看，跳跃超前学习是一种面向未来的学习方式，是广泛存在于各个层次和各个年龄段的一种学习方式。美国控制论创始者诺伯特·维纳采用跳跃超前学习法，9 岁考入高级中学，14 岁考入哈佛大学，18 岁获得哲学博士学位。这是一个非常成功的案例。国内类似的成功案例也有很多。

在有效学习视野下，我们学科教师要引导学生进行前置性学习，建构前置性学习意识，对下一阶段所学知识要提前一周、两周进行学习，甚至更早时间进行前置性学习。要引导学生做"知识先行者"，不要做"知识后补者"。让学生的自主预习发生在教师课堂教学讲授知识之前。学生的进行前置性学习的好处：第一，学生进行前置性学习，提前了解和掌握基本知识内容，在课堂上听教师讲授知识时更容易接受、理解，有助于全面理解和掌握知识；第二，学生进行前置性学习，有利于培养自主学习能力；第三，学生进行前置性学习，有助于养成前置性主动学习、主动做事的好习惯；第四，学生进行前置性学习，能激发其学习兴趣，有助于转化潜能有待开发的"后进生"。因此，学科教师要引导学生建构前置性学习理念，将这个理念转化为实际行动，体现到学生自主探究学习过程中，培养学生自主探究学习能力。

### 2. 自主学会学习理念

联合国教科文组织 1986 年就提出了教育的四大支柱，即教育的四大目标：Learning to know（学会学习）；Learning to do（学会做事）；Learning to cooperate（学会合作）；Learning to be（学会生存与发展）。第一个目标就是学会学习，这是面向全世界、全人类提出的教育改革目标。在有效学习的视野下，学科教师要高度重视学会学习这一目标，这是一个最先进、最时尚同时也具有一定难度的理念和目标。在传统教学视野下，我们过分强调了教师的讲授功能，而忽视了对学生学会学习和终身学习能力的培养。为了让广大中小学生学会学习，学科教师一定要认识学会学习和终身学习的重要性，要挑战自我，超越现实，与时代发展同步，做到与时俱进。学习化时代已经到来，只有终身学习才能更好地生存；只有获得更充分的自由，把不断地改变与创新作为学习实践的终极目的，学习的终身化才具有真正的意义。所以，学科教师要引导学生建构学会学习的理念，大胆实践，指导和鼓励学生学会学习。

### 3. 独立探究学习理念

新课程改革理念强调自主独立探究学习，并将其作为本次课改的重要任务，要求学生能够实现独立学习、探究学习。由过去的被动学习走向主动学习、积极学习，由过去的没有勇气和胆识独立探究学习逐步走向有信心、有智慧、有胆识的主动探究学习。学科教师要指导每名学生建构独立探究的学习理念，让学生积极勇敢地主动探索学习，克服胆怯心理，敢于发现问题、研究问题、探究问题，培养探究学习的能力。在独立探究学习理念的引领下，掌握探究学习方法，实现高品质的独立探究学习。

### 4. 高成就学习理念

高成就学习是广大教师和学生普遍追求的目标。只有高成就意识，才能有高成就学习，最后才会取得高成就质量。它的理论基础是高期望学习理论，一个人只有高期望学习，才会有高成就质量。一线学科教师对每名学生都要给予高期望，指导学生树立高成就意识，逐步形成一种指导思想，对自己要严格要求，把高成就学习变成一种意识、当成一种行为习惯，将高成就学习意识上升到理念。在高成就学习理念的指引下，实现高成就学习。教师要指导学生树立自信，相信自己一定能够实现高成就，一定会取得高成就。不论是课前预习，还是课中合作探究学习，或者是课后拓展探究学习，都要始终贯彻高成就学习理念，保质保量、出色地完成每个学习任务。

### （二）自主探究学习原则

原则是指行动规则、要求。原则确定后需要遵守和执行，以免偏离方向。自主探究学习是在自主探究学习理念指导下的一种学习行为和方式。为了提高自主探究学习的质量，我们确定自主探究学习原则：目标计划性原则、智慧行动性原则、独立思考性原则、问题生成性原则。具体概述如下。

　　第一，目标计划性原则，是指学生根据教师的学习目标、重点难点、关键问题、学法提示等要求有目标、有计划地开展自主探究学习。在课前针对文本进行有安排、有步骤的自主探究学习，同时要求教师对学生的课前自主学习进行结构化设计和方法引领。学生按教师确定的教学目标进行有计划的自主探究学习，不能盲目、无计划地开展自主探究学习。这样才能使自主探究学习变成有序、有效的学习行为，才能提高自主探究学习的质量。学科教师最好指导学生制订学习计划，引导学生严格按学习计划开展自主探究学习。这样有助于学生养成有计划学习的好习惯。

　　第二，智慧行动性原则，是指教师要指导学生开展智慧型自主探究学习行动。在进行课前自主探究学习过程中，教师根据导学要求，引导学生学会动手、动眼、动嘴、动脑，主动获取知识，完成相应的自主探究学习任务。一定要注重学习方法，开展有效率的学习活动，提高单位时间内的效率，即学会智慧学习，提高学习效能，培养智慧学习能力。

　　第三，独立思考性原则。赫钦斯在《教育中的冲突》中写道：什么是教育？教育就是帮助学生学会自己思考，做出独立的判断，并作为一个负责的公民参加工作。从这句话我们可以看出，教师的主要任务是让学生学会自己思考和判断。我们多年来都是开展"告知式"教学，很少让学生开展思考活动。所以，很多学生都养成了不喜欢思考的被动学习习惯。在有效学习视野下，学科教师要引导学生积极思考问题，学会判断问题的正误、好坏、优劣等。指导学生树立理性质疑、批判性思维意识，凡事都要思想过滤、思维加工，这样学生的思考能力才会得到提升。

　　第四，问题生成性原则，是指学生通过教师的问题导学引导，学会发现问题、生成问题和解决问题，逐步培养其发现、生成、解决问题的问题学习能力。一线学科教师要指导学生有选择、有条理地品读文本，要避免在有限时间内的泛泛阅读。俗话说："有心有肺地读书。"也就是说在读书过程中学会发现问题，把解决不了的问题生成出来，然后找学科教师解决，或者借助工具自主探究解决。学科教师要引导学生敢于面对问题，解决问题，最后培养学生的问题生成和解决能力。从而使学生的自主探究学习成为有效学习。

第五，自信力培养原则。自信心是学习成功的前提。莎士比亚曾说过："自信是走向成功之路的第一步，缺乏自信是失败的主要因素。"学科教师在指导学生开展自主探究学习过程中，首先要让学生树立自信，让每名学生都充满自信地开展自主探究学习，掌握自主探究学习方法，提高自主探究学习质量。

第六，好习惯培养原则。俗话说：好教育就是培养好习惯。如何培养自主探究学习的好习惯是我们大家共同关注的一个课题，也是一个古老的话题。在新的视野下，学科教师要注重培养学生自主探究学习的好习惯。从课堂中自主探究学习做起，培养学生课内自主探究学习习惯，逐步扩展到课外自主探究学习习惯的培养，最终，让每名学生都养成自主探究学习的好习惯，为其终身发展奠定良好的基础。

## 二、基于与文本实现"三次对话"的自主探究学习方法

自主探究学习是指结合文本课程，进行自主阅读、自主思考、自主分析、自主解决问题的相对独立的学习过程。对学生自主学习而言，自主阅读文本尤为重要。如何自主阅读才有质量呢？这里给大家提供一个重要的自主阅读方法，即"三次对话"阅读法。这种方法是学生在自主阅读过程中通过三个角度、三个层面对文本进行深度思考、实现心中对话的学习方法。"三次对

话"为：第一次对话是与文本的人物和元素对话；第二次对话是与文本的作者和发明的对话；第三次对话是与文本编者的对话。

就数学学科而言，"三次对话"的含义如下：以"勾股定理"为例，第一次对话是指学生在自主阅读过程中与"勾股定理"这节课中的知识元素对话，如涉及哪些字母、符号、公式、概念、定理、性质等，有哪些含义和意义等。第二次对话指学生在自主阅读过程中与"勾股定理"这一知识的发明者对话，通过自主阅读与古代西方数学家毕达哥拉斯对话，思考他为什么要发明这一公式，发明的目的是什么，价值意义是什么，要解决什么样的问题等。第三次对话是指学生在文本阅读过程中与"勾股定理"这一内容的编辑部编者专家对话，深度思考编辑部的专家编者为什么要把这一知识内容放在这个单元里，为什么在浩如烟海的数学知识中选择这一内容放在这本教材里，想让我们学会什么，具备什么样的数学能力等。

（一）教师结构化备课的一般方法

1. 备学生

有效教学的主体是学生，每名学生的真实状态是决定有效课堂教学活动的出发点。教师只有全面了解全体学生并掌握学生的需求，才能做到有的放矢。因此，要建立对全体同学的全方位的评价，了解全班学生的构成、特点、风气、智能结构、学习情况、学习兴趣、发展愿景以及大多数学生对自己所持的态度，全面了解学生的"人脉"、个性品质差异，并做好保密工作，是备好课的首要环节。

2. 备课程

首先，教师要有效地进行课程资源整合，充分利用教材、教参，运用工具单开发流程进行工具单的结构化设计。这是备课的关键环节。具体内容包括：备目标、备内容、备意义、备教具、备教材分析等。备每项要素都需要教师走进文本、反复阅读，实现与文本、作者、编者的三次对话，这样才可能设计出高质量的问题导学工具单。如数学教师在结构化备课时，就应该阅读教材6—10遍，深研理解教材内容，实现数学学科从内容到内涵的三次对话。

其次，教师要明确问题分类，实现知识问题化，列出概念性问题、原理性问题、拓展性问题和习题性问题。教师还要在参阅教辅的基础上，提炼、完善并吸收整合学生问题，优化评价。最后，结合《学生核心素养基本点与学科教学中学习行为结合点研究》，开展评价预设行动，力求能让学生全面发展。

3. 备工具单

教师要根据问题的层次性（基础性、发展性和提高性）来提炼和优化问题，按问题分布的基本原则，完成基础知识评价单、问题解决评价单、目标达成评价单的内容设计，这是保证高质量自主探究学习的重心工作。

|  | 基础知识评价单（基础性） | 问题解决评价单（发展性） | 目标达成评价单（提高性） |
|---|---|---|---|
| 概念性问题 | ● |  | ● |
| 原理性问题 | ● | ● | ● |
| 习题性问题 | ● | ● |  |
| 拓展性问题 | ● | ● | ● |
| 备 注 |  | 突破重难点 | 无课内习题性问题 |

（1）基础知识评价单由教师设计，包括学习目标、重难点、关键问题、学法指导、知识链接、要解决的问题（预习评价）、未解决的问题和多元评价。

（2）问题解决评价单先由教师设计，然后逐步走向师生共同设计和完成。包括学生生成问题、教师预设问题、多元评价。

（3）目标达成评价单由教师设计，包括问题呈现和多元评价。

4. 备设计

基于核心素养的有效教学核心理念就是"一切为了促进学生的全面发展"，最终实现优化新课程教学过程，提高新课程有效教学效率。教师要从"备过程""备方法""备时间""备拓展""备方案"等要素进行教学设计的充分准备。如涉及实际问题的数学学科学习，教师要创设不同的教学情境，激发学生学习的兴趣，使"苦学"变"乐学"，从而调动学生学习的主动性和积极性。教师要通过创设生活性问题情境、趣味性问题情境、思维性问题情境等，逐步提高创设问题情境的层次，不断吸引和刺激学生的学习兴趣，提高过程效益。

5. 备评价

教师个性化建构后，要结合学生核心素养发展的需要，不断开展导学质量的评价，达到优化完善的目的。要按照工具单的目标性、导学性、问题性、评价性、指向性来评价工具单的设计质量。学科教师还应从评价的激励角度出发，提前开展"学困生"的指导，并为学科尖子生的培养做好课前智慧指导和评价。各学科组还要做好前置性学研活动的准备和评价工作。

（二）学生结构化预习的方法

在以"学"为中心的有效教学视野下，学生的结构化预习能力是学生学会学习的关键能力之一。这种能力的培养和形成可以通过以下三个环节完成。

1. 多次阅读教材文本

这里的"读"，不是传统意义上简单地读，是要求学生认真阅读教材文本，保证阅读遍数（至少6遍）。同时，在读的过程中运用"查、划、写、记、练、思"等方法来指导教材的阅读，保证阅读的效果。

具体来讲，可以用"查、划、写、记、练、思"六字诀指导阅读教材的过程。"查"是指查着资料读，即通读教材，整体把握文本结构，对文本有初步的了解，并查阅相关资料。"划"是划着重点读，即用三色笔分别划出概念性问题、原理性问题、拓展性问题，也就是事件的原因、经过、影响意义。"写"是指写着感想读，即将勾画的内容根据数学学科的含义、意义、学会了什么、发现了什么等，将自己的感想、理解、疑问写出来。"记"是记着内容读，即将上一环节写的内容进行记忆。"练"是练着习题读，即将习题、例题完成。"思"是指思着问题读，即思考生成的问题。若在"读"的六个环节中出现了不能解决的问题，那么就多读教材，在教材中寻找解决问题的方法；若是读教材仍然不能解决问题，就使用"我的问题"记录单进行记录。

2. 完成基础知识评价单

学生使用教师开发的知识技能评价单和问题解决评价单。首先，学生要先学习理解评价单中的学习目标、重难点、关键问题、知识链接和教师预设的问题，有不明白的地方可以看书寻找答案，找不到答案就将问题写在"我的问题"上；学生觉得明白了就要合上书独立完成评价单，对结构化预习进行检测，并且还要对教师预设的问题进行仿题、编题的训练。

3. 开展自主探究多元评价

学习贵在反思，同时离不开督促，因此要开展自主探究多元评价。这里的"评"既包括学生的自我评价，又包括学习同伴、小组长等的评价。学生要先对问题评价单的完成情况进行自我评价，然后再由学习同伴、小组长等进行评价。

（三）结构化预习指导实例

教学内容：整式的加减法。

（1）预设时间：40 分钟。

（2）课前准备。

① 学习者教师准备。

行动 1：学习者教师自身要学会结构化预习指导策略，即"读""导""评"策略。能够结合学科内容落实"查、画、写、记、练、思"六字诀。能从思想和意识上认识传统简单预习的弊端，能够认识结构化预习的积极意义和长远意义。

行动 2：学习者教师要明确本学科的预习内容和范围。

行动 3：学习者教师要在课前按结构化预习策略事先演练一遍，体验"查、画、写、记、练、思"六字诀。把书写满后，在课前或课中寻找适当的机会给学生做示范性展示。

行动 4：学习者教师要根据本课型流程和要求，进行课堂学习方案设计。

② 学习者学生课前准备。

行动 1：学习者学生要在教师的引导下积极转变被动预习、低质量预习、简单预习的落后观念，树立前置预习、高质量预习、结构化预习的高成就学习意识，明确结构预习能力与终身学习能力之间的密切关系。

行动 2：学习者学生按教师要求提前反复阅读教材内容。

行动 3：学习者学生要准备好多色笔，至少是三色笔。

行动 4：学习者学生要事先准备好一张硬卡片，以便在采用遮纸法时使用。

（3）学生具体操作。

准备好教材、三色笔、工具单、学习资料等。

① 明确预习课题，学习导读单，理解学习目标（2分钟）；

② 第1遍初读教材，理解课题，明确知识版块（2分钟）；

③ 第2—5遍细读教材，落实划重点、提问题、记内容等（5—10分钟）；

④ 根据导读单问题，在教科书上补充、完善问题，并完成作答（6—12分钟）；

⑤ 完成书中例题、表格及课后习题，将疑问用特殊颜色笔（特殊符号）标记，并生成问题（也可查阅工具书自我释疑）（3—6分钟）；

⑥ 合书完成导读评价单，如遇不会的问题，最后查阅教材或工具书，再学习、再记忆，合书完成（3—8分钟）；

⑦ 对自我预习情况开展自我评价，与同伴开展互评（1—2分钟）。

## 三、实施以知识技能评价单为抓手的学业评价

初中数学回归拓展学习与学业评价，以基础知识技能评价单为主线，通过各类问题评价，精准地对应中国学生核心素养能力要点，达到在学习的过程中让核心素养能力真正"落地"的目的。

（一）基于人文底蕴的核心素养学业评价

该部分内容的目的是将学科知识问题与人文积淀、人文情怀、审美情趣素养基本点相结合，进一步厘清数学学科在"自主探究学习"中发展学生核心素养的评价点，形成促使核心素养培

养真正"落地"的抓手。

1. 人文积淀类评价问题

在自主探究学习中要关注作者、发明和知识背景。这类问题在实施学业评价前期，可由教师在"知识链接"或"预习评价问题"中罗列，在学生能力达到后，再由学生自主生成问题解决。如下列示例。

(1)"负数的引入"：为什么要引入负数？

(2)"有理数"：我国古代数学家对负数的研究从什么时候开始的？

(3)"有理数的乘法"：负数乘以负数、负数乘以正数在实际生活中有什么应用？请你举例说明。

(4)"等式与方程"：请你简述"方程"名称的来源。

(5)"从不同方向观察立体图形"：美术与几何有什么联系？作画时如何利用所学的几何知识？

(6)"类比"：你能举出利用类比知识的伟大发明吗？

2. 人文情怀类评价问题

在自主探究学习中对重要人物、事件深刻理解。这类问题在实施学业评价前期，可由教师在"知识链接"或"预习评价问题"中罗列，在学生能力达到后，再由学生自主生成问题解决。如下列示例。

(1)"等式的基本性质"：等式基本性质提出的意义是什么？

(2)"二元一次方程组的解法"：解决二元一次方程组的思路是什么？体现了怎样的思想？怎样解 $n$ 元一次方程组？

(3)"实数和二次根式"：无理数是如何被发现的？它发现的意义是什么？

(4)"勾股定理"：中国古代发现勾股定理的过程是怎样的？

它的发现和证明在世界数学史上具有怎样的地位？

（5）"函数"：函数的应用对数学有怎样的意义？

（6）"黄金分割"：黄金分割点的发现对人类哪些方面有推动作用？

（二）基于科学精神的核心素养学业评价

该部分内容的目的是将学科知识问题与理性思维、批判质疑、善于探究素养基本点相结合，进一步厘清数学学科在"自主探究学习"中发展学生核心素养的评价点，形成促使核心素养培养真正"落地"的抓手。

1. 理性思维类评价问题

在自主探究学习中养成对知识理解基础上进行理性分析的思维习惯，养成多角度研究知识结构体系的好习惯。这类问题在实施学业评价前期，可由教师在"知识链接"或"预习评价问题"中罗列，在学生能力达到后，再由学生自主生成问题解决。如下列示例。

（1）"整式的运算"：本章的内容编排逻辑有哪些？

（2）"一次函数"：研究函数的一般思路是什么？一次函数与一元一次方程的联系是什么？

2. 批判质疑类评价问题

在自主探究学习中对结论性知识进行质疑，对各种结论都要带着质疑的眼光去学习，把"这个结论正确吗"视作学习的出发点。这类问题在实施学业评价前期，可由教师在"知识链接"或"预习评价"中罗列，在学生能力达到后，再由学生自主生成问题解决。如下列示例。

（1）"用数轴上的点表示有理数"：数轴的正方向一定是向右的吗？

（2）"两条直线的位置关系"：如果两条直线不相交，它们一定是平行关系吗？

（3）"数的近似和科学记数法"：一个数的指数只能是正整数吗？可以是负数吗？可以是分数吗？

3. 善于探究类评价问题

在自主探究学习中引导学生进行大胆探究，对数学知识探究其科学性、规律性、形成性。这类问题在实施学业评价前期，可由教师在"知识链接"或"预习评价问题"中罗列，在学生能力达到后，再由学生自主生成解决相关问题。如下列示例。

"二次函数和反比例函数"：我们已经学习了二次函数、一元二次方程，请你探究一元二次不等式的解法。

（三）基于学会学习的核心素养学业评价

该部分内容的目的是将学科知识问题与乐学善思、勤于反思、信息意识素养基本点相结合，进一步厘清数学学科在"自主探究学习"中发展学生核心素养的评价点，形成促使核心素养培养真正"落地"的抓手。

1. 乐学善思类评价问题

在自主探究学习中帮助学生掌握预习方法，在预习中培养学习兴趣，养成"这个结论正确吗"的思考问题的好习惯。这类问题在实施学业评价前期，可由教师在"知识链接"或"预习评价"中罗列，在学生能力达到后，再由学生自主生成问题解决。如下列示例。

（1）"代数和添括号与去括号"：添括号有什么作用？你能举例说明吗？

（2）"列方程解应用题"：列方程解应用题时，为什么方程式和方程结果后面不加单位？

（3）"直线、射线、线段"：头发是射线吗？为什么？

（4）"角及其分类"：一个角的大小和它边的长短有关系吗？

（5）"角的度量与角的换算"：在时钟上会出现几次周角？

2. 勤于反思类评价问题

在自主探究学习中养成在预习中思考"通过预习我学会了什么"的好习惯。这类问题在实施学业评价前期，可由教师在"知识链接"或"知识技能评价单"中罗列，在学生能力达到后，再由学生自主解决相关问题。如下列示例。

（1）"有理数的加法"：有理数加法运算的步骤是什么？

（2）"一元一次方程"：解一元一次方程的步骤是什么？每步的依据是什么？每步需要注意什么？

（3）"因式分解"：因式分解和整式运算是什么关系？它们的区别是什么？

3. 信息意识类评价问题

在自主探究学习中要养成在自主预习过程中主动获取知识信息和查找资料的好习惯。这类问题在实施学业评价前期，可由教师在"知识链接"中罗列，在学生能力达到后，再由学生自主解决相关问题。如下列示例。

（1）"用计算器做有理数的混合运算"：查阅资料，了解更多关于计算机计算的内容。

（2）"一元一次方程"：了解"方程"名称的由来。

（3）"简单的几何图形"：查阅资料，了解平面图形和立体图形的区别，了解美术与几何的联系，了解平面内和空间内两直线的位置关系，了解平面图形和立体图形在现实中的应用。

（4）"一元一次不等式和一元一次不等式组"：查阅资料，了解公路边或者工地上指示牌、限制牌的标识及作用。

（5）"二元一次方程组"：查阅资料，简单了解矩阵与方程的关系，以及利用矩阵解多元一次方程组的方法。

（6）"整式的运算"：了解"杨辉三角"的内容及发展。

（7）"观察、猜想与证明"：查找古今中外故事中利用观察、猜想得出伟大发明的故事，并以此为学习内容。

（8）"因式分解"：阅读"爱因斯坦的速算"，了解爱因斯坦利用因式分解进行速算的方法。

（9）"数据的收集与表示"：了解用计算机绘制统计图的方法及范围。

（10）"实数和二次根式"：查阅资料，了解无理数的发现及无理数和二次根式的广泛应用。

（11）"三角形"：查阅资料，了解各类三角形及其在其他领域的应用；了解勾股定理的历史及发展。

（12）"一次函数"：查阅资料，了解一次函数与方程的关系、函数的发现、一次函数在其他领域的应用。

（13）"四边形"：查阅资料，了解"中心对称""轴对称"在美术、生活、艺术中的应用，了解自然界中的"对称的世界"。

（14）"一元二次方程"：查阅资料，了解一元二次方程在其他领域中的应用，了解古代数学家对一元二次方程的贡献。

（四）基于实践创新的核心素养学业评价

该部分内容的目的是将初中数学学科知识问题与劳动意识、问题解决、技术运用素养基本点相结合，进一步厘清数学学科在"自主探究学习"中发展学生核心素养的评价点，形成促使核心素养培养真正"落地"的抓手。

1. 劳动意识类评价问题

在自主探究学习中，养成在预习中能够根据相关内容，从文本内容体会劳动的积极意义，初步形成喜欢劳动、热爱劳动意识的习惯。这类问题在实施学业评价前期，可由教师在"知识链接"或"知识技能评价单"中罗列，在学生能力达到后，再由学生自主生成问题解决。

实例：（1）运用相似知识测量旗杆的高度；（2）运用解直角三角形的知识测量建筑物的高度。

2. 问题解决类评价问题

在自主探究学习中，养成在预习中体现问题的学习意识，学会自主发现问题，对能够解决的基础性问题进行解决，对不会解决的生成问题进行记录。这类问题在实施学业评价前期，可由教师在"知识链接"或"知识技能评价单"中罗列，在学生能力达到后，再由学生自主生成问题解决。

实例：（1）绝对值方程的解一定有两个吗？（2）有没有平面的东西？所有物品都有厚度吗？（3）请你举出生活中点动成线、线动成面、面动成体的实际例子。

（五）以知识技能评价单为载体的自主探究学习与学业评价案例

基础知识技能评价单是开展自主探究学习与学业评价的关键载体。工具单需要教师在备课时开发，教师必须准确、规范地确定学习目标，明确重难点问题，界定关键问题。同时，教师要率先实现将教材"知识问题化"，然后把所有问题按照概念性问题、原理性问题和实践性问题进行合理分类。学生课前领到学习工具单后，按照课前自主探究学习要求，开展结构化预习，并合书完成工具单，切忌"翻书完成""边看边做"。最后，要求学生要对自主探究学习的情况进行"掌握程度"的自评，课后教师和科代表再组织多元评价。

💠**案例1：**

## "负数的引入"基础知识评价单

设计人：　　　　审核人：　　　　序　号：

班　级：　　　　组　名：　　　　姓　名：

【基础知识】

| | 主要内容 | 掌握程度 | 备　注 |
|---|---|---|---|
| 学习目标 | 知识与技能：<br>1. 理解负数的意义，会准确表示负数<br>2. 理解有理数的定义，会对有理数进行分类<br>过程与方法：<br>3. 通过举例、归纳等方法理解负数的意义<br>4. 借助特殊到一般的方法归纳有理数分类，体会分类的思想方法<br>情感态度与价值观：<br>5. 通过有理数的分类培养严谨、认真的学习态度<br>6. 初步渗透分类思想 | | |
| 重点难点 | 1. 负数的意义<br>2. 有理数的分类 | | |
| 关键问题 | 1. 举例说明负数的意义<br>2. 有理数按不同分类标准可以怎样分类 | | |
| 概念性知识 | 概念1：什么是负数？请你举例说明。 | | |
| | 概念2：有理数的分类有哪些？分类依据是什么？ | | |

| | 主要内容 | 掌握程度 | 备　注 |
|---|---|---|---|
| 原理性知识 | 问题 1：为什么要引入负数？ | | |
| | 问题 2：负数与正数有什么关系？你能举一个实际的例子吗？ | | |
| | 问题 3：请你赋予数 $-3.8$ 一个实际意义。 | | |
| | 问题 4：0 可以表示什么意义？0 是正数吗？是非负数吗？ | | |
| 实践性知识 | 在下列有理数中，哪些是整数，哪些是分数？$-1，-\dfrac{2}{3}，0，23，2\dfrac{1}{2}，-\dfrac{50}{3}$ | | |
| 备　注 | | | |

## 【多元评价】

| 自我评价 | 同伴评价 | 小组长评价 | 科代表评价 | 任课教师评价 |
|---|---|---|---|---|
| | | | | |

### 案例 2：

#### "用数轴上的点表示有理数"基础知识评价单

设计人：　　　审核人：　　　序　号：

班　级：　　　组　名：　　　姓　名：

**【基础知识】**

| 类　别 | 主要内容 | 掌握程度 | 备　注 |
|---|---|---|---|
| 学习目标 | 知识与技能：<br>1. 理解数轴三要素，知道每个有理数都能用数轴上的点表示出来<br>2. 会根据需要画数轴，能用数轴上的点表示有理数<br>过程与方法：<br>3. 通过观察、画图、分析等过程渗透数形结合的思想方法<br>情感态度与价值观：<br>4. 通过对画图规范、数轴上的点与有理数对应关系的分析，渗透严谨的学习态度 |  |  |
| 重点难点 | 1. 根据需要画数轴并表示有理数<br>2. 借助数轴比较负有理数的大小<br>3. 理解有理数都可以用数轴上的点表示，以及数轴的工具作用 |  |  |
| 关键问题 | 1. 如何在数轴上画出表示负有理数的点<br>2. 如何借助数轴比较有理数的大小 |  |  |
| 概念性知识 | 什么是数轴？数轴的三要素是什么？ |  |  |
| 原理性知识 | 问题1：所有的有理数都可以用数轴上的点表示吗？ |  |  |
|  | 问题2：比较两个有理数大小有哪些类型？每个类型的两个有理数，如何比较大小？请举例说明。 |  |  |

续　表

| | 主要内容 | 掌握程度 | 备注 |
|---|---|---|---|
| 实践性知识 | 问题1：指出下面数轴上 $A$、$B$、$C$、$D$、$E$、$F$ 各点所表示的数。<br> | | |
| | 问题2：请你画一条数轴，并将下列有理数对应的点表示在数轴上。<br>$+2$，$0$，$-4$，$2.5$，$-1\dfrac{1}{3}$ | | |
| 备　注 | | | |

**【多元评价】**

| 自我评价 | 同伴评价 | 小组长评价 | 科代表评价 | 任课教师评价 |
|---|---|---|---|---|
| | | | | |

◆案例3：

## "一元一次方程"基础知识评价单

设计人：　　　　审核人：　　　　序　号：

班　级：　　　　组　名：　　　　姓　名：

**【基础知识】**

| 类　别 | 主要内容 | 掌握程度 | 备　注 |
|---|---|---|---|
| 学习目标 | 知识与技能：<br>1. 通过观察，归纳一元一次方程的概念<br>过程与方法：<br>2. 通过对多种实际问题的分析，感受方程的意义<br>情感态度与价值观：<br>3. 培养思考及观察的能力 | | |

续　表

| | | | |
|---|---|---|---|
| 重点难点 | 1. 了解一元一次方程的概念<br>2. 会在简单的问题中找出相等关系，<br>　并列出一元一次方程 | | |
| 关键问题 | 如何解一元一次方程？解题的依据是<br>什么？ | | |
| 概念性知识 | 概念 1：什么是一元一次方程？ | | |
| | 概念 2：如何理解"一元""一次"的<br>含义？ | | |
| | 概念 3：一元一次方程的最简形式是<br>什么？ | | |
| 原理性知识 | 如何解最简一元一次方程？依据是<br>什么？ | | |
| 实践性知识 | 问题 1：下列方程中，哪些是一元一次<br>方程？<br>(1) $6-x^2=5x$；　　(2) $-7x=3$；<br>(3) $\frac{1}{4}x=-3-y$。 | | |
| | 问题 2：尝试解下列方程，并说明你的<br>依据。<br>(1) $3x=-5$；　　(2) $-6x=21$；<br>(3) $0.5x=-4$。 | | |
| 备　注 | | | |

**【多元评价】**

| 自我评价 | 同伴评价 | 小组长评价 | 科代表评价 | 任课教师评价 |
|---|---|---|---|---|
|  |  |  |  |  |

案例4:

### "角平分线"基础知识评价单

设计人： 　　　　审核人： 　　　　序　号：

班　级： 　　　　组　名： 　　　　姓　名：

**【基础知识】**

| 类　别 | 主要内容 | 掌握程度 | 备　注 |
|---|---|---|---|
| 学习目标 | 知识与技能：<br>1. 了解角平分线的画法，了解并掌握角平分线的性质及表示方法，理解角平分线的判定<br>过程与方法：<br>2. 经历角平分线的做法的实践活动，理解角平分线的性质和判定<br>情感态度与价值观：<br>3. 在合作探究中体验数学知识来源于生活，在学习过程中体验成功的乐趣，培养严谨的科学态度 |  |  |
| 重点难点 | 角平分线的表示及符号语言 |  |  |
| 关键问题 | 如何做一个角的角平分线？ |  |  |
| 概念性知识 | 概念1：什么是角平分线？请你举例说明。 |  |  |
|  | 概念2：角平分线有哪些表示方法，请你结合图形举例说明。 |  |  |

续　表

| 原理性知识 | 如何确定角平分线？ | | |
|---|---|---|---|
| 实践性知识 | 问题 1：如图，$\angle BAC = 20°$，射线 $AC$ 平分 $\angle BAD$，求 $\angle CAD$。 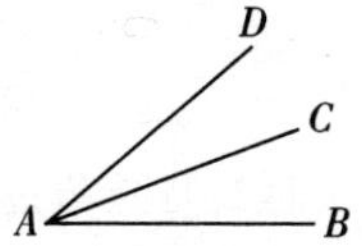<br> | | |
| | 问题 2：如图，$\angle BAC = 20°$，射线 $AC$ 平分 $\angle BAD$，求 $\angle BAD$。 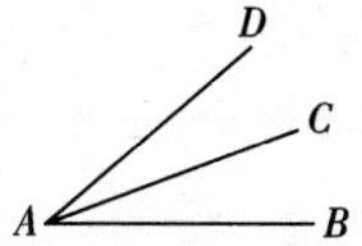<br> | | |
| 备　注 | | | |

**【多元评价】**

| 自我评价 | 同伴评价 | 小组长评价 | 科代表评价 | 任课教师评价 |
|---|---|---|---|---|
| | | | | |

◆案例 5：

### "不等式的基本性质"基础知识评价单

设计人：　　　　审核人：　　　　序　号：

班　级：　　　　组　名：　　　　姓　名：

【基础知识】

| 类　别 | 主要内容 | 掌握程度 | 备　注 |
|---|---|---|---|
| 学习目标 | 知识与技能：<br>1. 探究并理解不等式的基本性质，会用不等式的基本性质分析不等式的变形<br>过程与方法：<br>2. 体会特殊到一般再到特殊的过程，发展推理能力和运算能力<br>情感态度与价值观：<br>3. 培养独立思考、积极探索、勇于创新的精神和团结合作的品质 | | |
| 重点难点 | 会依据不等式的基本性质对不等式进行变形 | | |
| 关键问题 | 解不等式变形的最终形式是什么？ | | |
| 概念性知识 | 不等式的最简形式是什么？举例说明。 | | |
| 原理性知识 | 问题 1：不等式的基本性质是什么？ | | |
| | 问题 2：不等式的基本性质如何用符号表示？ | | |
| | 问题 3：不等式的基本性质和等式的基本性质有什么相同之处和不同之处？ | | |

| 实践性知识 | 问题1：不等式的性质2和性质3有什么区别？应用不等式基本性质变形时，需要注意什么？ | | |
| --- | --- | --- | --- |
| | 问题2：判断正误。<br>(1) 若$a>b$，那么$a-3x>b-3x$。<br>　　　　　　　　　　（　　　）<br>判断依据是：<br>(2) 若$a>b$，那么$a-b>0$。（　　　）<br>判断依据是：<br>(3) 若$3a>-9$，那么$a<-3$。（　　　）<br>判断依据是：<br>(4) 若$-3a>9$，那么$a<-3$。（　　　）<br>判断依据是： | | |
| | 问题3：根据不等式的基本性质解下列不等式。<br>$2x-10<3$ | | |
| 备　注 | | | |

【多元评价】

| 自我评价 | 同伴评价 | 小组长评价 | 科代表评价 | 任课教师评价 |
| --- | --- | --- | --- | --- |
| | | | | |

案例6：

"整式的加减"基础知识评价单

设计人：　　　　　审核人：　　　　　序　号：
班　级：　　　　　组　名：　　　　　姓　名：

**【基础知识】**

| 类　别 | 主要内容 | 掌握程度 | 备　注 |
|---|---|---|---|
| 学习目标 | 知识与技能：<br>1. 了解按某字母升、降幂排列的定义，会做整式加减运算，并按要求整理运算结果<br>过程与方法：<br>2. 体会有依据的化简整式运算的方法，发展运算能力<br>情感态度与价值观：<br>3. 培养独立思考、积极探索、团结合作的品质 | | |
| 重点难点 | 1. 熟练应用合并同类项法则、去括号法则做整式的加减法<br>2. 括号前面是负号的整式加法 | | |
| 关键问题 | 整式加减法运算的依据是什么？ | | |
| 概念性知识 | 什么是降幂排列？什么是升幂排列？举例说明。 | | |
| 原理性知识 | 问题1：合并同类项要按怎样的法则进行？ | | |
| | 问题2：去括号进行整式加减时需要注意什么？ | | |
| | 问题3：当同类项的系数互为相反数时，会出现什么特殊情况？ | | |

| | | | |
|---|---|---|---|
| 实践性知识 | 问题1：整式加减法运算的步骤是什么？ | | |
| | 问题2：把多项式 $3a^3b-4ab^2+8a^2$ 重新排列。<br>(1) 按字母 $a$ 的降幂排列；<br>(2) 按字母 $b$ 的升幂排列。 | | |
| | 问题3：计算。<br>$(3x^2-y^2-2xy)-(y^2-xy-2x^2)$ | | |
| 备　注 | | | |

## 【多元评价】

| 自我评价 | 同伴评价 | 小组长评价 | 科代表评价 | 任课教师评价 |
|---|---|---|---|---|
| | | | | |

### ◆案例7：

## "余角和补角"基础知识评价单

设计人：　　　　审核人：　　　　序　号：

班　级：　　　　组　名：　　　　姓　名：

## 【基础知识】

| 类　别 | 主要内容 | 掌握程度 | 备　注 |
|---|---|---|---|
| 学习目标 | 知识与技能：<br>1. 在具体的现实情境中，认识一个角的余角和补角，掌握余角和补角的性质 | | |

| 类　别 | 主要内容 | 掌握程度 | 备　注 |
|---|---|---|---|
| 学习目标 | 过程与方法：<br>2. 通过余角、补角性质的推导和应用，初步掌握图形语言与符号语言之间的相互转化<br>情感态度与价值观：<br>3. 通过互余、互补性质的学习过程，培养善于观察的学习习惯 | | |
| 重点难点 | 1. 互余、互补定义及它们的性质<br>2. 余角与补角的性质，能在图形中找出互余、互补的角 | | |
| 关键问题 | 如何在图中找互余、互补及相等的角？ | | |
| 概念性知识 | 概念1：什么是互为余角？举例说明。 | | |
| | 概念2：什么是互为补角？举例说明。 | | |
| 原理性知识 | 问题1：互为余角的两个角数量和位置上分别是什么关系？ | | |
| | 问题2：互为补角的两个角一定有公共顶点吗？ | | |
| 实践性知识 | 问题1：判断。<br>(1) 如果∠1＝30°，∠2＝25°，∠3＝35°，那么∠1，∠2，∠3 这三个角称为互为余角。（　　）<br>(2) 任意画一个80度角，再画一个100度角这两个角一定互补。（　　） | | |

| 实践性知识 | 问题 2：如图，已知直线 *AB* 与 *CD* 相交于点 *E*，且 $\angle CEF = 90°$，写出所有互补和互余的角。 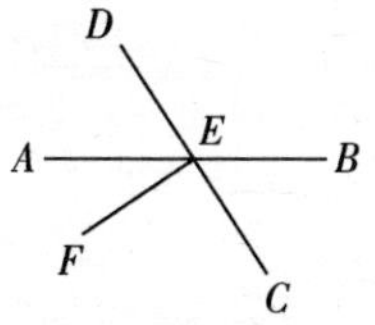<br> | | |
| | 问题 3：若一个角的补角等于它余角的 4 倍，求这个角的度数。 | | |
| 备  注 | | | |

【多元评价】

| 自我评价 | 同伴评价 | 小组长评价 | 科代表评价 | 任课教师评价 |
| --- | --- | --- | --- | --- |
| | | | | |

案例 8：

## "提取公因式法"基础知识评价单

设计人：　　　　审核人：　　　序　号：

班　级：　　　　组　名：　　　姓　名：

【基础知识】

| 类　别 | 主要内容 | 掌握程度 | 备　注 |
|---|---|---|---|
| 学习目标 | 知识与技能：<br>1. 能确定多项式各项的公因式并用提取公因式法进行因式分解<br>过程与方法：<br>2. 通过结构化预习、讨论、展讲等活动发展学生的运算能力和建模意识<br>情感态度与价值观：<br>3. 通过由公因式为单项式到多项式的过渡渗透转化思想 | | |
| 重点难点 | 1. 用提取公因式法进行因式分解<br>2. 确定各项的公因式以及各项的符号 | | |
| 关键问题 | 如何找到公因式？ | | |
| 概念性知识 | 什么是公因式？ | | |
| 原理性知识 | 问题1：如何找多项式的公因式？ | | |
| | 问题2：遇到多项式的首系数是负数该怎么办？ | | |
| | 问题3：在多项式的因式分解中应注意什么？ | | |
| 实践性知识 | 问题1：用提公因式法把下列多项式因式分解。<br>(1) $3x+6$　(2) $7x^2-21x$<br>(3) $-24x^3-12x^2+28x$ | | |

续　表

| | | | |
|---|---|---|---|
| 实践性知识 | 问题2：在下列各式等号右边的括号前填入"＋"或"－"号，使等式成立。<br>(1) $2-a=$ _____ $(a-2)$；<br>(2) $y-x=$ _____ $(x-y)$；<br>(3) $b+a=$ _____ $(a+b)$；<br>(4) $(b-a)^2=$ _____ $(a-b)^2$；<br>(5) $(x-y)^3=$ _____ $(y-x)^3$。 | | |
| 备　注 | | | |

## 【多元评价】

| 自我评价 | 同伴评价 | 小组长评价 | 科代表评价 | 任课教师评价 |
|---|---|---|---|---|
| | | | | |

### 案例9：

## "分式的加减法"基础知识评价单

设计人：　　　　　审核人：　　　　　序　号：

班　级：　　　　　组　名：　　　　　姓　名：

## 【基础知识】

| 类　别 | 主要内容 | 掌握程度 | 备　注 |
|---|---|---|---|
| 学习目标 | 知识与技能：<br>1. 掌握分式加减法的运算法则<br>2. 能够熟练地进行同分母的分式加减法的运算 | | |

| 类　别 | 主要内容 | 掌握程度 | 备　注 |
|---|---|---|---|
| 学习目标 | 过程与方法：<br>3. 经历分式加减法法则的过程，理解其算法和算理<br>情感态度与价值观：<br>4. 培养应用数学的意识<br>5. 养成严谨逻辑的思维习惯 | | |
| 重点难点 | 1. 分式加减法的探究，正确进行同分母加减法运算<br>2. 运算的准确性 | | |
| 关键问题 | 1. 分式的加减法法则<br>2. 通分的概念 | | |
| 概念性知识 | 什么叫作通分？ | | |
| 原理性知识 | 问题1：同分母的分式加减法法则是什么？它与分数的加减法的有什么关系？请举例说明。 | | |
| | 问题2：异分母的分式加减法法则是什么？它与分数的加减法的有什么关系？请举例说明。 | | |
| | 问题3：几个异分母分式的公分母是唯一的吗？请举例说明。 | | |
| | 问题4：异分母的公分母是否存在一个最简单的公分母？ | | |

续  表

| 实践性知识 | 计算：<br>(1) $\dfrac{1}{a}+\dfrac{2}{a}$；　(2) $\dfrac{b}{3a}-\dfrac{4}{a}$。 | | |
|---|---|---|---|
| 备  注 | | | |

【多元评价】

| 自我评价 | 同伴评价 | 小组长评价 | 科代表评价 | 任课教师评价 |
|---|---|---|---|---|
| | | | | |

案例10：

### "全等三角形的判定"基础知识评价单

设计人：　　　　审核人：　　　　序  号：

班  级：　　　　组  名：　　　　姓  名：

【基础知识】

| 类  别 | 主要内容 | 掌握程度 | 备  注 |
|---|---|---|---|
| 学习目标 | 知识与技能：<br>1. 经历探索三角形全等条件的过程，会用"ASA，SAS，SSS，AAS"判定两个三角形全等<br>2. 能利用全等三角形进行简单证明，进一步掌握证明几何问题和解决简单实际问题的方法<br>过程与方法：<br>3. 经历探索三角形全等的条件和选择恰当三角形全等的条件，体会利用转化的数学思想和方法解决问题的过程 | | |

| 类　别 | 主要内容 | 掌握程度 | 备　注 |
|---|---|---|---|
| 学习目标 | 情感态度与价值观：<br>4. 在探索三角形全等条件及其运用的过程中，能够进行有条理的思考和简单的推理<br>5. 在三角形全等条件及其运用的过程中，能够进行有条理的思考和简单的推理 | | |
| 重点难点 | 1. 运用全等三角形的判定公理和定理证明两个三角形全等<br>2. 恰当选用判定方法证明两个三角形全等 | | |
| 关键问题 | 恰当选用判定方法证明两个三角形全等 | | |
| 概念性知识 | 概念1：什么叫全等图形？请举例说明。 | | |
| | 概念2：什么叫全等三角形？请举例说明。 | | |
| 原理性知识 | 全等三角形有什么性质？请举例说明。 | | |
| 实践性知识 | 下列说法错误的是（　　）。<br>A. 完全重合的两个三角形是全等三角形<br>B. 面积相等的两个三角形是全等三角形<br>C. 全等三角形对应边相等<br>D. 全等三角形对应角相等 | | |
| 备　注 | | | |

【多元评价】

| 自我评价 | 同伴评价 | 小组长评价 | 科代表评价 | 任课教师评价 |
|---|---|---|---|---|
|  |  |  |  |  |

案例11：

## "勾股定理的逆定理"基础知识评价单

设计人：　　　　审核人：　　　　序　号：

班　级：　　　　组　名：　　　　姓　名：

【基础知识】

| 类　别 | 主要内容 | 掌握程度 | 备　注 |
|---|---|---|---|
| 学习目标 | 知识与技能：<br>1. 掌握勾股定理逆定理的内容及应用<br>2. 会应用勾股定理逆定理判定直角三角形<br>过程与方法：<br>3. 通过研究、讨论提高思考问题和逻辑思维能力<br>情感态度与价值观：<br>4. 了解我国古代数学家的伟大成就，激发求知欲 |  |  |
| 重点难点 | 1. 勾股定理的逆定理<br>2. 根据勾股定理逆定理判断已知三边的三角形是否为直角三角形 |  |  |
| 关键问题 | 如何应用勾股定理逆定理判定直角三角形？ |  |  |

续　表

| 类　别 | 主要内容 | 掌握程度 | 备　注 |
|---|---|---|---|
| 原理性知识 | 勾股定理的逆定理是什么？请举例说明。 | | |
| 实践性知识 | 判断下列以 $a$，$b$，$c$ 为边的三角形是否为直角三角形。<br>(1) $a=1$，$b=1$，$c=\sqrt{2}$；<br>(2) $a=5$，$b=7$，$c=9$；<br>(3) $a=1$，$b=2$，$c=\sqrt{5}$。 | | |
| 备　注 | | | |

【多元评价】

| 自我评价 | 同伴评价 | 小组长评价 | 科代表评价 | 任课教师评价 |
|---|---|---|---|---|
| | | | | |

案例12：

### "一次函数和它的解析式"基础知识评价单

设计人：　　　　　审核人：　　　　　序　号：

班　级：　　　　　组　名：　　　　　姓　名：

【基础知识】

| 类　别 | 主要内容 | 掌握程度 | 备　注 |
|---|---|---|---|
| 学习目标 | 知识与技能：<br>1. 理解一次函数和正比例函数的概念及解析式的结构特征<br>2. 能根据问题中的条件确定一次函数的解析式 | | |

续　表

| | | | |
|---|---|---|---|
| 学习目标 | 过程与方法：<br>3. 通过观察发现一次函数解析式的结构特点，定义一次函数<br>情感态度与价值观：<br>4. 培养由特殊到一般、再由一般到特殊的认知过程 | | |
| 重点难点 | 1. 理解一次函数的概念<br>2. 根据实际问题确定一次函数的解析式 | | |
| 关键问题 | 一次函数和正比例函数的定义 | | |
| 概念性知识 | 概念 1：什么是一次函数？请举例说明。 | | |
| | 概念 2：什么是正比例函数？请举例说明。 | | |
| 原理性知识 | 一次函数的解析式的特点是什么？ | | |
| 实践性知识 | 问题 1：判断下列函数哪些是一次函数，哪些是正比例函数。<br>(1) $y=-x$;　　(2) $y=-2x^2+1$;<br>(3) $y=\dfrac{3x+1}{2}$;　(4) $y=\dfrac{2}{3x+1}$。 | | |
| | 问题 2：已知函数 $y=-5x^{2m-3}+6$ 是一次函数，求 $m$ 的值。 | | |
| 备　注 | | | |

## 【多元评价】

| 自我评价 | 同伴评价 | 小组长评价 | 科代表评价 | 任课教师评价 |
|---|---|---|---|---|
|  |  |  |  |  |

◆案例13:

### "三角形中位线"基础知识评价单

设计人:　　　　审核人:　　　　序　号:

班　级:　　　　组　名:　　　　姓　名:

## 【基础知识】

| 类　别 | 主要内容 | 掌握程度 | 备　注 |
|---|---|---|---|
| 学习目标 | 知识与技能:<br>1. 掌握三角形中位线定义和三角形中位线定理<br>2. 学会证明中位线定理<br>过程与方法:<br>3. 经历三角形中位线定理的探索过程,发展学生的合情推理意识和表述能力<br>情感态度与价值观:<br>4. 培养学生合情推理能力及严谨的书写表达,体会几何思维的真正内涵 |  |  |
| 重点难点 | 1. 理解和掌握三角形中位线定理的证明过程<br>2. 对图形拼接变为熟知的图形,然后进行证明 |  |  |
| 关键问题 | 三角形中位线与第三边的数量和位置关系分别是什么? |  |  |

续　表

| 类　别 | 主要内容 | 掌握程度 | 备　注 |
|---|---|---|---|
| 概念性知识 | 概念1：什么是三角形的中线？请举例说明。 | | |
| | 概念2：什么是三角形的中位线？它和三角形的中线有什么区别？请举例说明。 | | |
| 原理性知识 | 问题1：三角形中位线定理的内容是什么？ | | |
| | 问题2：三角形中位线定理用符号表示是怎样的？ | | |
| 实践性知识 | 问题1：如图，已知△ABC中，D，E分别是AB，AC的中点，∠B = 60°，则∠ADE的度数为_____。 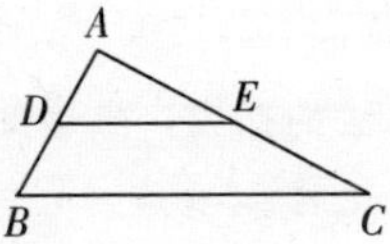<br> | | |
| | 问题2：如图，DE是△ABC的中位线，若BC的长为3 cm，则DE的长是_____。 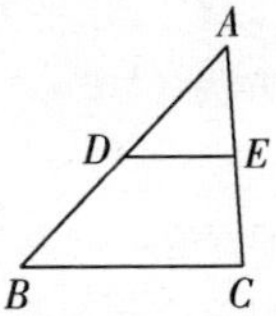<br> | | |
| 备　注 | | | |

## 【多元评价】

| 自我评价 | 同伴评价 | 小组长评价 | 科代表评价 | 任课教师评价 |
|---|---|---|---|---|
|  |  |  |  |  |

### 案例14：

## "一元二次方程解法（1）"基础知识评价单

设计人：　　　　审核人：　　　　序　号：

班　级：　　　　组　名：　　　　姓　名：

## 【基础知识】

| 类　别 | 主要内容 | 掌握程度 | 备　注 |
|---|---|---|---|
| 学习目标 | 知识与技能：<br>1. 知道开平方法解一元二次方程的理论依据<br>2. 理解并掌握开平方法解一元二次方程<br>过程与方法：<br>3. 通过对开平方法的探究，学生知道只有将方程转化成 $x^2 = m$（$m \geqslant 0$）或 $(x+n)^2 = m$（$m \geqslant 0$）的形式时，才可以运用开平方法解一元二次方程，其理论依据是平方根的定义<br>4. 通过例题、练习，掌握开平方法解一元二次方程的方法<br>情感态度与价值观：<br>5. 通过对开平方法的探究，培养学生的观察分析能力，以及合作探究能力<br>6. 通过本节课的学习培养学生转化的思想以及认真严谨的学习态度 |  |  |

续 表

| 重点难点 | 1. 开平方法解一元二次方程<br>2. 理解直接开平方法解一元二次方程的解法和理论依据 | | |
|---|---|---|---|
| 关键问题 | 1. 开平方法解一元二次方程的理论依据<br>2. 具备什么条件的方程才可以用直接开平方法解 | | |
| 概念性知识 | 什么是开平方法？请举例说明。 | | |
| 原理性知识 | 问题1：一元二次方程需要转化成什么形式才可以用开平方法？请举例说明。 | | |
| | 问题2：开平方法解一元二次方程的理论依据是什么？ | | |
| 实践性知识 | 求下列方程中未知数的值。<br>(1) $x^2=25$；(2) $a^2-4=0$。 | | |
| 备 注 | | | |

【多元评价】

| 自我评价 | 同伴评价 | 小组长评价 | 科代表评价 | 任课教师评价 |
|---|---|---|---|---|
| | | | | |

◆案例15：

## "比例线段"基础知识评价单

设计人： 审核人： 序 号：

班 级： 组 名： 姓 名：

【基础知识】

| 类　别 | 主要内容 | 掌握程度 | 备　注 |
|---|---|---|---|
| 学习目标 | 知识与技能：<br>1. 了解成比例线段的概念，会判断已知线段是否成比例<br>2. 了解比例的基本性质，会运用比例的性质进行简单的比例变形<br>过程与方法：<br>3. 经历探索成比例线段的过程，并能利用其解决一些简单的问题<br>情感态度与价值观：<br>4. 培养应用意识，体会数学、自然、社会的密切联系 | | |
| 重点难点 | 1. 比例的基本性质<br>2. 比例的基本性质的应用 | | |
| 关键问题 | 利用比例的基本性质，由 $ad=bc$ 还可以得到哪些比例式？ | | |
| 概念性知识 | 什么是比例线段？ | | |
| 原理性知识 | 比例的基本性质是什么？ | | |
| 实践性知识 | 问题1：下列各组线段中，能成正比例的是(　　)。<br>A. 1 cm，3 cm，4 cm，6 cm<br>B. 3 cm，2 cm，0.8 cm，0.2 cm<br>C. 0.1 cm，0.2 cm，0.3 cm，0.4 cm<br>D. 2 cm，3 cm，4 cm，6 cm | | |
| | 问题2：小明由 $\frac{1}{a}=\frac{a}{4}$ 得到 $a^2=4$，请你说明他这样做的依据。 | | |
| 备　注 | | | |

【多元评价】

| 自我评价 | 同伴评价 | 小组长评价 | 科代表评价 | 任课教师评价 |
|---|---|---|---|---|
|  |  |  |  |  |

案例16：

### "二次函数 $y=ax^2+bx+c$ （$a \neq 0$） 的图像 1"
### 基础知识评价单

设计人：　　　　审核人：　　　　序　号：
班　级：　　　　组　名：　　　　姓　名：

【基础知识】

| 类　别 | 主要内容 | 掌握程度 | 备注 |
|---|---|---|---|
| 学习目标 | 知识与技能：<br>1. 理解二次函数的图像是抛物线，会用描点法画二次函数 $y=ax^2$（$a \neq 0$）的图像<br>2. 掌握二次函数 $y=ax^2$（$a \neq 0$）的图像的开口方向、对称轴、顶点坐标<br>过程与方法：<br>3. 经历探索二次函数 $y=ax^2$（$a \neq 0$）图像特征的过程，培养观察、思考、归纳的思维习惯<br>情感态度与价值观：<br>4. 增强对数学学习的自信心，感受数学的美，从而激发学习兴趣 |  |  |
| 重点难点 | 掌握 $y=ax^2$（$a \neq 0$）图像特征 |  |  |
| 关键问题 | 二次函数 $y=ax^2$（$a \neq 0$）图像的特征是什么？ |  |  |

| 类　别 | 主要内容 | 掌握程度 | 备　注 |
|---|---|---|---|
| 概念性知识 | 二次函数 $y=ax^2$（$a\neq0$）的图像是一条_____，它具有以下特点：<br>（1）它是_____对称图形，以_____为对称轴，顶点坐标是_____。<br>（2）当 $a>0$ 时，它的开口向_____；当 $a<0$ 时，它的开口向_____。 | | |
| 原理性知识 | 画函数图像的步骤是什么？画图像时需要注意什么？ | | |
| 实践性知识 | 问题1：在同一坐标系中，函数 $y=2x^2$，$y=-x^2$，$y=\frac{1}{4}x^2$ 的图像的共同特点是（　　）。<br>A．都是关于 $x$ 轴对称<br>B．都是关于 $y$ 轴对称，且开口向下<br>C．都是关于原点对称<br>D．都是关于 $y$ 轴对称，且原点是抛物线的顶点 | | |
| | 问题2：已知函数 $y=(k-2)x^{k^2-3k+2}$ 的图像是抛物线，且开口向上，求此函数的表达式，并用描点法画出它的图像。 | | |
| 备　注 | | | |

【多元评价】

| 自我评价 | 同伴评价 | 小组长评价 | 科代表评价 | 任课教师评价 |
|---------|---------|-----------|-----------|-------------|
|         |         |           |           |             |

案例17：

## "解直角三角形"基础知识评价单

设计人：　　　　　审核人：　　　　　序　号：

班　级：　　　　　组　名：　　　　　姓　名：

【基础知识】

| 类　别 | 主要内容 | 掌握程度 | 备　注 |
|-------|---------|---------|-------|
| 学习目标 | 知识与技能：<br>1. 理解直角三角形中五个元素的关系，会运用勾股定理、直角三角形的两个锐角互余及锐角三角函数解直角三角形<br>过程与方法：<br>2. 通过解直角三角形，逐步培养分析、解决问题的能力<br>情感态度与价值观：<br>3. 渗透数形结合的数学思想，培养良好的学习习惯 | | |
| 重点难点 | 1. 解直角三角形<br>2. 选用恰当关系式解直角三角形 | | |
| 关键问题 | 怎样根据已知条件解直角三角形？ | | |
| 概念性知识 | 什么叫"解直角三角形"？ | | |

续 表

| 类 别 | 主要内容 | 掌握程度 | 备 注 |
|---|---|---|---|
| 原理性知识 | 直角三角形中三边两角之间有哪些等量关系（边角关系、三边关系、锐角之间的关系）？ | | |
| 实践性知识 | 在△ABC 中，∠C = 90°，a = 5，c = 10，解这个直角三角形。 | | |
| 备 注 | | | |

**【多元评价】**

| 自我评价 | 同伴评价 | 小组长评价 | 科代表评价 | 任课教师评价 |
|---|---|---|---|---|
| | | | | |

第三章

# 基于核心素养的合作对话
# 学习与学业评价

▶　　在基于核心素养的中高考数学改革过程中，课堂教学的有效性在大多数教师的课堂上已经得到了积极改变。数学学科的核心素养在新的中高考课程标准中主要包括：数学抽象、逻辑推理、数学建模、直观想象、数学运算和数据分析。这些核心素养的形成需要从独立研究到同伴讨论，再到集体解决，通过这样一个集智的过程，学生们的核心素养一点点养成。"自主合作探究"模式是新课程有效教学的最高境界，这种教学方式的主要思路是充分发挥学生自主、合作、探究的学习能力，让学生拥有更多、更大的学习自主权。在一定的学习机制保障下，主要由学生组织课堂学习过程，在教师的智慧导学下，各小组发现问题、生成问题、解决问题，全面落实课程目标，完成教学任务。这种教学模式可以让学生人人参与，人人都能通过自主合作探究学习达到理解知识、巩固记忆、运用知识、提升能力的目的。对发展核心素养的合作对话学习过程进行科学的学业评价，是关注学习过程质量的重要体现。

本章主要包括以下内容：

第一，基于发展核心素养的合作对话学习理念和原则；第二，基于问题生成解决为途径的合作对话学习方法；第三，实施以问题解决评价单为载体的学业评价。

## 一、基于发展核心素养的合作对话学习理念和原则

（一）基于发展核心素养的合作对话学习理念

### 1. 知识问题化理念

在数学学科的合作对话学习中，秉持知识问题化理念，对教师开展导学及学生开展合作对话学习，都有十分重要的意义。在课堂教学过程中，科学地呈现问题是非常重要的。首先，师生要树立问题呈现意识，在有限的课堂教学时间内，不论是教师还是学生都要科学、有效地呈现高质量问题，使问题既体现课程目标，又符合文本内容，还能满足学生发展的需要。让教师和学生真正感受有效课堂教学就是师生共同解决问题的学习场所，是提高学生发现问题、生成问题、解决问题和思维创新能力的场所。

"知识问题化"理念应贯穿于整个教学过程中。首先，教师不仅要提升自我呈现问题意识，还要不断强化学生的呈现问题意识。其次，问题呈现方式要灵活多样，根据课堂范式、课型需要和教学目标呈现问题，

在"知识传递型"课堂教学中，要以教师呈现问题为主，学

生呈现问题为辅。教师要在如何提高呈现艺术和方法上下功夫，包括创设什么样的情境，呈现什么问题等。在"知识建构型"课堂教学中，要以学生呈现问题为主，教师呈现问题为辅。教师要在如何让学生有效呈现问题上下功夫，如使学生呈现什么问题才能取得理想效果。问题呈现既是科学，又是艺术。在有效教学中，应达到师生悠然提出问题的境界，使问题质量得以优化，问题解决效果得以提升，为提高有效教学质量奠定基础。这种悠然提出问题的境界，也喻示着学生的问题意识和解决问题的能力得到了明显的提升。所以，教师和学生要共同建构"师生共展"问题理念，充分认识教师权威与问题质量没有直接关系，而是与呈现问题主体上下功夫的程度以及理解能力有关。

2. 小组学习团队化

未来社会一定是合作的社会，各类学习共同体将不断形成。发展核心素养的合作对话学习在"问题"的引领下，如何才能发挥出高质量的学习效果，这需要将学习建立在以班级为单位的小组合作团队学习基础上。长期以来，在传统课堂教学视野中，我们往往采用的教学组织形式是"舞台式"。这种形式便于教师向全体学生讲授知识，也便于学生用眼睛盯着教师进行接受式学习，从而形成了相对稳定的"一对多"的"舞台式"教学组织形式。基于这种教学组织形式开展的课堂教学，往往会导致"官本位"课堂教学，教师像"领导"，学生成了课堂教学的"奴隶"。课堂教学失去了真实性、有效性、人文性、科学性、智慧性和艺术性。最终，只有少数得到教师关注和青睐的学生得到了发展，大多数学生都没有得到发展。

有效学习的小组合作团队学习体系的建立与作用发挥，要引入合作学习、团队成长的理念，建立小组合作团队学习机制，设立组内科代表（亦可称为学科长）、科代表（亦可称为学术助理）、学习委员（亦可称学习长）、班长（亦可称主任助理）等职务，成立学科学习团队（任课教师、学术助理和每组学科长组成）、行政工作团队（班主任、主任助理、小组长组成）和教师教育团队（各个任课教师组成）。教师教育团队负责"怎么学"，学科学习团队负责"会不会"，行政工作团队负责"学不学"。每个团队都要建立团队愿景、口号、公约、团歌等组织机制，逐步增强团队意识，提高合作能力。在整个教与学的过程中，三"管"齐下，相互促进，有机结合，使每个团队最大限度发挥合作力、学习力，共同追求"个体学习愿景化、同伴学习合作化、小组学习承包化"的高效益学习机制，即"狼性学习"机制。最终使"问题导学型"课堂学习呈现出合作学习机制下的小组合作团队学习特征。

### 3. 对话系统和谐化

对话系统和谐化，即整个学习过程中，师生之间、生生之间应该是一种民主、平等、自由、放松的和谐氛围，并把这种氛围作为合作对话学习的重要理念，是追求有效教学的一种理想。当师生呈现问题后，如何建立一套对话系统，使问题解决达到一种和谐水平，这就需要师生共同树立对话意识。在传统课堂教学中，教师是课堂教学的控制者、操纵者、驾驭者和监视者，是具有绝对权威的教学话语中心，是课堂教学话语的"霸主"，学生只是教学话语的配角、依附者。在有效课堂教学中，教师和学生都是课堂教学话语的平等主体，教师在课堂上也最好"装不知道"，尽可能启发学生的学习思维，鼓励学生启动教学话语，让学生学会用自己的语言表达教学话语。

在初中数学的学习中，教师和学生要有共同建立团队对话的和谐意识，主要是小组内和组间对话意识。要培养学生的对话意识，包括自我对话、师生对话和生生对话意识。让学生学会基于平和心态基础上的静听、质疑和回应。能否形成和谐对话的系统和氛围是反映一个团队学习效益的重要指标，也是高质量解决问题、提高教学质量的象征。因此，在有效课堂教学中，教师要转变以往的教学对话角色，真正走近学生，与学生建立平等、民主、自由的对话关系。要科学建立生生对话、小组对话、组间对话等多元对话系统，创设和谐、安全、有效、健康的教学对话系统，全面提高课堂教学质量，让所有学生在这种和谐的对话环境中得到和谐成长。

4. 情境刺激多样化

营造教学情境是实施有效课堂教学的有效平台和环境。如何创设一个宽松、和谐、民主、自由的教学情境，提高课堂效率，对我们长期从事应试教育的教师来说是一个挑战。那么，教师如何树立情境刺激意识和要求呢？首先，情境刺激在有效课堂教学中起着十分重要的促进作用，它的主要目的是激活学生的学习活力，有效拓展学生的课程视野，提高学习效率。传统课堂教学中，教师主要顾及教学内容的讲授和解释，怕浪费教学时间，从而忽视了情境刺激的重要性。教师要树立多元化的情境刺激意识，深入挖掘课程内容，充分开发课程资源。根据文本教学的需要和学生学习发展的需要，利用一切可利用的物质、精神课程资源，尽可能多地创设有效情境。

在以"学"为中心的有效教学视野中，教师不是唯一的情境刺激的创设者，学生也是创设多元情境刺激的主体。因此，教师有责任和义务培养学生树立情境刺激意识，要求学生在"师生共备"过程中实现结构化预习，走进文本内容，分析文本情境，寻找如何呈现文本情境的"影子"。充分发挥学生的集体智慧，创设与文本内容相关、相近的情境。让学生充分明白创设情境刺激的深远意义。其实，多元化情境创设主要有三点意义：第一，让学生真正走进文本内容，更好地理解文本知识，掌握文本技能，实现"三维"目标；第二，通过多元化情境刺激，更好地拓展课程内容，开阔学生的学习视野；第三，通过多元化情境刺激，更好地锻炼学生课程内容要求以外的技能和能力，尤其是思维能力、语言表达能力、综合分析能力、表演展示能力、理解判断能力以及实践创新能力。教师和学生要转变传统观念，不要怕麻烦，要舍得下功夫。通过创设多元化的情境刺激，创建有效学习课堂。

### 5. 导学策略智慧化

智慧的导学意识是教师有效教学应具备的重要理念。这里的智慧导学意识与传统意义上的讲授、指导、辅导等概念有一定区别。主要体现在以下两点：一是"不困不导""先启后导"，这是建立在学生自主学习、合作探究基础上的问题导学；二是包含"师生相导、生生互导、组间补导"的指导思想。传统课堂教学中，教师的主要职责就是清楚地讲解知识原理，对不明白的知识内容进行集体指导或个别指导，是一种硬性的"塞给"，不顾及学生的自主学习意识、能力、需要、学习时间和接受速度，而一味地"强行叫卖"。哪名学生不接受"这种礼物"，就会被判为"逆子""坏学生"。教师为了体现自己的知识权威，往往强调自己的指导性，而忽视了学生相互指导的作用。同时，教师强调指导的统一性、封闭性和绝对性，教师的答案是唯一正确的，这在一定程度上限制了学生的发散性思维和创造性学习。

在有效课堂教学中，教师和学生都是"师生共学"的平等学习体，是合作学习的高级伙伴，在和谐的对话学习中相互帮助、相互启发、相互指导，共同担负学习的责任。教师将放下传统教师角色，"隐身"到学生中间去，当一名"作为教师的学生"，与学生一道建立有效学习共同体。为了让学生发挥学习主体的作用，激发学生的高级思维活动，有时教师要充当智慧性的"愚者"，把指导的权威性舞台让给学生。在指导结果的多样性和开放性方面，教师要鼓励学生质疑唯一性答案，探究多种可能和结果。教师的最新任务是培养学生的指导意识，让学生彼此之间"导"起来。为团队进步而"导"，创设一种开放、文明健康的"导"的氛围，让学生在"师生相导、生生互导、组间补导"中进步和成长。

6. 训练目标主体化

训练意识是有效教学强调的一个重要理念。这里的训练是指基于师生共同问题的训练，是在学生自主发现、合作探究基础上的建构性训练，是一种符合课程目标、满足学生发展需要的体验性训练。"主体化"是指"训练"要面向全体学生，训练指向每个学生主体，促进每名学生在有效时间内的学习进步与发展。在传统课堂教学中，教师过分注重讲授过程，课堂教学的大量时间都用在了教师自己对文本内容的一种基于经验的理解和个性化解读上。有时评课也是看教师讲得如何，学生明白没有，教师只关注整节课的讲授，而忽视学生对所学知识的随堂迁移和内化，结果导致"平时无训练，期中、期末集中训"。

科学的学习、复习、训练三者包含着深层的教育原理，不是简单的先后关系。对学生而言，学习过程本身就是"身外之物"，并非体验和探究而形成的过程，学习印记自然很"浅"，若再没有及时训练和回归训练，学习效果自然就会大打折扣。因此，在基于发展核心素养的有效课堂教学中，教师和学生共同树立"师生共训"的学习意识，不仅关注"随堂训练"，还要关注"回归训练"；不仅关注"知识训练"，还要关注"能力训练"；不仅关注"目标训练"，还要关注"人格培养"。对训练内容要深入挖掘，既要符合课程目标，又要满足学生发展。同时，要发挥学生的训练主体作用，由学生自己制订训练计划、训练内容和训练方式，使学生在多元化训练中得到成长。

### 7. 全面评价真实化

新高考改革了对学生的评价方式，基于发展核心素养的有效课堂教学评价，应当是体现教师和学生之间的全方位评价，是在真实、有效的学习情境中进行的真实性评价。不单纯是对学生学习行为和效果的评价，也不是单纯指教师对学生的评价，而是把"评价"嵌入"学习过程与方法"中，更是多元主体之间的发展性评价。在发展核心素养的有效课堂教学中，教师和学生要建构全方位评价意识，师生都是学习共同体中的平等评价主体。教师并非是传统意义上绝对、权威的评价者，学生也是学习评价的合法主体。因此，教师要积极创建民主、自由、和谐、安全、健康、发展的评价氛围，使学生在这种和谐、进步的评价中有效成长和进步。

在教师对学生评价的内容上，要实现下移，不要只关注学生"学没学"，更要关注如何学习，学得怎样。教师对学生的学习评价，旨在如何减轻学生的学习负担，如何提高学习效率，如何促进学生全面发展。同时，教师要培养学生的自我评价意识和合作评价意识。让学生对自己的学习负起责任，把自我评价"嵌入"自主学习过程中，提高学生的自我评价、自我管理、自我监督能力。把合作评价引入小组合作探究学习中，使学生在小组合作学习中发挥积极作用，成为团队进步的评价者和合作者。

（二）基于发展核心素养的合作对话学习原则

### 1."师生共学"原则

在基于发展核心素养的有效课堂教学中，教师和学生都是这个共同体的成员。作为团队学习，首先要确定一个集体的发展愿景和真实的共同体发展目标，以促进共同体成员的全身心投入，以百分百的投入创设"师生共学"的学习氛围和合作学习的班级文化。在这种合作学习中，鼓励学生自己选择学习材料，进行小组决策，鼓励学习共同体成员的自主意识和主人翁意识。为了创设和谐的学习氛围，促进每名成员的学习进步和发展，教师要充分考虑学习共同体成员的经历、经验、能力等各方面差异。根据学生的个体差异，在各学习环节中采用适宜的教学方法，引领学生学习和进步，尽可能地缩小学生间差异。所以，在创建有效学习共同体中，应充分体现和谐这一内涵，更好地发挥学习共同体的作用，使学生和教师在"师生共学"的和谐环境中得到发展。

2."效率至上"原则

基于发展核心素养的有效课堂教学是一个追求真实性的学习共同体，它返璞归真，还原学习本色。有效学习共同体是让学生真正学习进步的平台。从思想性角度看，创建这种有效学习共同体必须体现先进的国际教育理念，体现新课程标准，实现新课程教学目标。这种课堂教学是充满教育智慧的课堂，教师和学生要勤于思考，勤于动脑，提高学习效率，创新教学策略，建立智慧性教学思想。教师要在合作探究、展讲对话过程中教给学生"三关三导"策略：一是关注问题如何解决，二是关注时间如何把握、控制，三是关注潜能生学习效果如何。教师要在课中养成反思的好习惯，要时刻思考什么样的策略对学生成长和自身发展有积极意义。鼓励学生学习创新，使教师教学智慧与学生学习智慧碰撞出"智慧"的火花，全面提高学习效率。这种课堂教学是体现艺术思想的教学，不论是教师的教学艺术，还是学生的学习艺术，都要体现指导艺术、学法艺术、效率艺术。只要是有利于提高学习效率、促进学生全面发展和教师专业成长的"好方法""好策略"，都是我们想要的。

3."全员参与"原则

有效学习共同体是促进知识协作建构的团队。我们要尽可能地运用合作小组的教学方式，提供"社会性协商"，培养学生合作学习意识和能力，鼓励他们"各显其能"，激励其产生多种观点，全面促进成员的个性化成长和整体进步。要引导学生全员参与，树立人人参与的学习意识。让成员感到自己和其他学习者同属于一个团体，在共同的学习中遵守共同的规律和公约，具有比较一致的价值取向和特点。不断强化成员对有效学习共同体的归属感、认同感以及在其他成员身上获得的尊重感，将有利于增强学习者对共同体的参与程度，真正达到有效学习共同体的效果，实现全面提升学习质量的教学目的。

4."工具创新"原则

在基于发展核心素养的有效课堂教学中，创建有效学习共同体是一种智慧性学习和艺术性学习。这不是传统意义上的"我讲你听"，而是倡导教师和学生"先学后导"和"师生共学"。所以，教师要创新性地开发各种能促进学生学习进步的教学技术工具。不仅教师要开发各种教学技术工具，学生也有责任和义务创新学习工具，不能仅局限于笔记本和作业本。在这种有效学习共同体中，教师要科学地引导学生学会使用"问题发现单""问题评价表""全景式评价表"以及"问题训练单"等工具。重点关注学生学习实效，研究如何及时运用新的理念开发的技术工具，解决学生的新问题，全面提高学习共同体的学习实效。

5."利于发展"原则

基于发展核心素养的有效课堂教学是促进学习共同体成员全体进步和发展的教学，是面向每名学生发展的课堂。鼓励学生广泛参与，全面进步。在有效学习共同体中，学习者与助学者之间要相互影响、相互促进，建立多元发展的人际关系。教师要充分考虑学习者的知识、志趣、情感等因素，采用灵活多样的方式和方法，创建多种类型的学习共同体，以便适合和满足各类学习者的发展要求，从而达到最优的学习效果。不要想一蹴而就，要遵循事物的发展规律，根据学生的年龄和心理发展规律，制订合作学习的方法和内容。根据学生理解水平和分析问题能力，把握合

作交流的内容和难易程度，既不能"拔苗助长"，也不能"揠苗
助长"，要尊重学生的天性和个性，确保每名学习共同体成员的成功。

## 二、基于问题生成解决为途径的合作对话学习方法

基于发展核心素养的有效课堂教学以"知识问题化"和"问
题能力化"为基本理念，引导学生在学习过程中发现问题、生成
问题、解决问题，实现知识迁移，提高他们发现问题、生成问
题、解决问题的能力。当然，这种能力是需要慢慢培养的。首
先，在教师的指导下，学生带着结构化预习中发现的问题自主学
习，评价基础知识评价单的效果；其次，学习小组内合作交流，
对个性问题进行有效评价、答疑解惑，二次生成小组共性问题；
第三，小组间交流合作，排疑解难，系统思考，筛选组合，生成
全班的共性问题，师生共同交流、解决；最后，教师在适当时间
内提炼问题生成单。教师在"问题生成课"的角色是激发者、观
察者、引导者、督促者、鼓励者、服务者，为学生问题生成创设
有效情境，提供丰富的学习资源。教师对那些提出有价值问题的
学生应及时给予鼓励和奖励，培养学生发现问题的习惯，使学生
一直带着问题学习，以便在问题解决评价单和有效课堂教学中得
到有效解决。

（一）问题生成解决的合作对话学习策略

1. 教师角色转变策略

在"问题"生成解决过程中，教师不要急于给学生讲授知识
和技能，而应引导学生再次自主学习，走进文本，问题评价，二
次生成问题。教师的角色是学生自主合作学习的激发者、观察
者、引导者、督促者、鼓励者、服务者、评价者、情境创设者和
资源提供者，引导学生再次发现问题，生成高质量问题。

2. 有效学法指导策略

教师在问题生成解决过程中，不要急着给学生讲授知识和技能，而是要教会学生如何进行有效的合作学习，培养学生生成问题的能力。完成基础知识评价单评价后，教师要指导学生生成高质量问题，重点培养学生进行自主学习、合作学习的能力。

3. 教学设计创新策略

教师要在教学设计之前明确用什么课型、用几个课时，并制订好创新导学策略。问题发现、生成的课时设计是为问题解决教学服务的，教师应充分估计解决问题教学所需的问题生成质量和数量。确定"问题"生成后，教师自己要研读文本，深度熟悉教学内容，精心设计。

4. 创新工具单开发策略

教师要在教学设计前厘清问题分类，根据问题分类（概念性、原理性、习题性和拓展性）和教学重点、难点进行引导和提炼。针对自己所教的学科内容，教师通过深度学习提炼，明确哪些成为生成问题。对此教师应事先就有一个系统预设。生成"问题"的提炼方式有两种：一是学生生成不出来，教师应以自己生成的问题为主；二是如果学生生成的问题质量较好，能够涵盖教师生成的问题，就应以学生生成的问题为主。

5. 作业前置化策略

教师要求学生进行结构化预习的同时，还应让学生大胆地完成课后作业，并将此作为预习学习的一个主要组成部分。把合作解决还不会的习题作为习题性问题提出来，以便在生成的问题中呈现和解决。

（二）"问题生成解决"的合作对话学习方法

1. 秉持教师智慧导学的理念

从教师成长趋势看，在课堂学习中，教师要学会有效的智慧型指导，努力走向做智慧型"懒"教师。如果实现这一目标，最核心的问题就是教师要想方设法让学生学会自主、合作、展示、对话、探究、训练、评价等学习方式。在此基础上，教师要从角色转型角度做到"一放""二扶""三退""四隐"。"放"有两层含义：一是教师学会放手，使教学方式变成自主合作探究学习；二是"放"知识教授为问题发现生成解决学习。"扶"有两层含义：一是教师不断"扶"学生学习方法；二是"扶"学生学习信心和信念。"退"有两层含义：一是教师根据学生学习进步程度"退"下讲台，走进小组学习和个体学习；二是"退"到教学研究中思考如何改进课堂学习，提高学习质量。"隐"有两层含义：一是教师要"隐"身到学生学习活动中，当个学生；二是"隐"于专业学习中，不断促进自身专业成长。这四点既是教师成长的课堂发展路径，又是实施好上述四个行动策略的角色保障系统，两者有相互促进、相互发展的作用。

2."问题生成解决"合作对话学习的操作流程

（1）创设情境，激发兴趣，呈现目标（1～3分钟）；（2）自主学习，问题探究，合作评价（6～8分钟）（评价"基础知识评价单"完成效果）；（3）个性问题，组内展导，规范指导（10～12分钟）；（4）小组问题，合作解决，多元评价（5～10分钟）；（5）共性问题，归纳总结，分享延伸（2～5分钟）（提炼"问题生成单"内容）。

3.教师指导"问题生成"课合作对话学习的方法

为了提高小组合作对话能力，教师要在学生小组合作团队学习机制基础上，指导学生明确角色职责，建立学科小组长负责制，要确立人人是学科小组长，发挥学科小组长的职责作用，确保小组讨论的学习质量。教师在"问题"生成课中，要注意以下操作：第一，教师要注重学法指导，提出讨论要求、方向、重点，规定讨论时限。第二，教师要主动参与小组讨论，进行巡回指导，切忌只听不言、只看不说，要时刻注意点拨、指导。第三，教师要关注学生的讨论状态和问题解决的质量。一般而言，可将讨论时间划分为两个部分，前 2/3 的时间为整体讨论阶段（讨论全部问题），后 1/3 的时间为专题讨论阶段（讨论指定问题），教师可根据具体的学习情况进行调整。第四，当多数小组的讨论进入尾声时，教师暗示展示顺序，组织学生准备展示，要求学生展讲人员及时到位。

4. 教师指导"问题解决"课合作对话学习的方法

（1）做好充分准备，牢固时间观念。在合作对话学习中，如果学生在能力基础不强、准备不充分的情况下，很容易出现效率不高、问题聚焦不够的情况。所以，作为导学者的教师务必提前做好充分准备，在合作对话学习中，做好时间掌控，不管哪种形式的展示，都要有时间限制。例如，在合作对话学习中，提倡"3 分钟"原则，要求学生对所有问题的展讲均控制在 3 分钟内完成，这样可迫使学生在小组内提前做好充分准备。长期坚持，对学生的思维和表达能力都会有很大提高。

（2）提升专业能力，实施智慧导学。要高效率开展合作对话学习，教师是关键。相较传统课堂教学，以"学"为中心的有效教学对教师的要求很高。在学习过程中，教师不要只关注内容和环节的推进，而一再容忍学生不规范的展示习惯。"该出手时就出手"，教师要聆听学生的每句话，关注每个细节，根据情况给予学生恰当帮助。可以采用问题引领的方式引导学生联想质疑，也可以就某个问题启发学生拓展、深化并提炼出规律性的结论。还要进行即时性评价，对生成性问题和重点疑难进行启发、引申、拓展、追问，对知识进行深化、提升。

（3）关注学习过程，做到"三关三导"。在整个展讲学习过程中，教师要掌控全局，关注潜能生。导学过程中，教师不能站在固定的地点，要行走在小组间，同时实行"三关"（关"问题"、关"时间"和关"潜能生"）"三导"（导"问题"、导"时间"和导"潜能生"）。在合作学习中，各小组都能解决的问题不用展讲，只展讲突破重难点的关键问题，以便提高问题解决的效率和速度。教师要关注全体学生的参与度、投入度和成就度，通过展讲使全班成员都达到学会的目的。

5. 指导小组团队合作对话学习的方法

（1）学生小组内合作对话方法：第一步，当教师或学科代表部署讨论任务时，学科小组长在要根据教师事先设计好的讨论内容，明确讨论分工，将问题落实到每名成员并迅速开展讨论。要按问题解决顺序，顺次展开讨论。讨论时，学生手里要拿笔，随时记录内容，要做到全员参与讨论。一名同学讲解时，其他同学边补充边思考，确保讨论的深度和广度。第二步，学生讨论结束后准备多元展讲，需要展写时到黑板展写，并做好展讲和展写的组内分工，原则是展写者不展讲（灵活掌握）。展写和组间指导时教师可自由行走，确保每名成员积极动起来。第三步，每名成员都要做好向全班展讲的准备。

（2）学生小组之间合作对话的方法。第一步，落实"三即"策略（即举、即起、即说）和"三秒间"策略（在三秒内迅速做出反应）。学生展讲时站起来之后就要开口，要边走边讲，声音洪亮，充满自信。站在讲台上时，要用手指着屏幕展讲，不要盯着评价单，做到大方得体。第二步，"展"。当要将小组讨论的结果展讲给大家时，要讲清楚题目的信息，解决问题时所需的知识点、解题过程与方法，以及注意事项。学生展讲时可采取"1＋3＋1"策略，前"1"是指某一名同学或某一组代表，"3"是指引发 3 人依次交流、补充或提问，后"1"是指学生或教师规范指导。在展讲过程中，一道题有几个答案或一个题下有几个小题时，同组的几名同学可以逐人到黑板前展讲，规范展讲行为。第三步，"思"。展讲者讲清思维过程，意在引起其他同学的思考、质疑，为思维碰撞、生生互动做好准备。第四步，"论"。展讲后如有疑问，学生可与展讲的学生进行讨论、交流，实现思维碰撞。第五步，"演"。本组和其他组成员，要进行适当补充性表演，丰富展讲效果。第六步，"记"。其他成员认真做好记录。

## 三、实施以问题解决评价单为载体的学业评价

初中数学回归拓展学习与学业评价，以问题解决评价单为主线，通过各类问题评价，精准对应中国学生核心素养能力要点，达到在学习的过程中让核心素养能力真正"落地"的目的。

（一）基于人文底蕴的核心素养学业评价

该部分内容的目的是将初中数学学科知识问题与人文积淀、人文情怀、审美情趣素养基本点相结合，进一步厘清数学学科在"合作对话学习"中发展学生核心素养的评价点，形成促使核心素养培养真正"落地"的抓手。

在合作对话学习中要讨论、探究人物成长经历和成就。在初中数学学习中，这类问题在实施学业评价前期，可由教师在"知识链接"或"教师预设问题"中罗列，在学生能力达到后，再由学生自主生成问题解决。

实例：

（1）勾股定理。

勾股定理早已为中国人所知。在中国古代的数学著作《周髀算经》中记录着商高同周公的一段对话。商高说："……故折矩，勾广三，股修四，经隅五。"商高这段话的意思就是：当直角三角形的两条直角边分别为 3（短边）和 4（长边）时，径隅（弦）则为 5。以后人们就简单地把这个事实说成"勾三股四弦五"。这就是著名的勾股定理。

《几何原本》第一册的第 47 个命题就是勾股定理，书中给出

了严格的、真正的数学意义上的证明。这个证明和勾股定理的证明类似。《几何原本》原文不是说多边形，而是说图形。这当然是正确的，即使是对歪歪扭扭、弯弯曲曲的图形，这个结论也是完全正确的。但是欧几里得在证明的时候是按照多边形来证明的，所以我们在这里写成多边形。

西方认为是毕达哥拉斯最先证明了勾股定理，所以称其为毕达哥拉斯定理。其实并没有确凿的证据能说明是毕达哥拉斯证明了这个定理，甚至都没有证据证明是毕达哥拉斯发现这个定理的。

（2）轴对称。

在教学中展示各种美丽的对称图形，能创设一个美的情境，让学生在美的情境中受熏陶，激发学生的学习兴趣，使学生的整个学习过程处于一种愉快的情境中，对提高学生的想象力和创造力具有极大的作用。课始，教师把学生带进秋天的童话情境中，秋天的枫林深处，满地落叶，两只蝴蝶翩翩起舞；林中一座房子，小路边停放着一辆小汽车。师问："这些图案美吗？请说一说理由。"当学生说出"这些图形左右两边都是一样的"时，教师让学生拿出蝴蝶、枫叶、房子、小车，自己动手折一折，验证对称。教师适时出示蝴蝶、枫叶、房子、小车的特写镜头，让学生再仔细观察，进一步感知这些图形左右两边都是一样的。学生在折蝴蝶等纸片的过程中，发现了对称图形的折痕。教师让学生各取名称，并对学生起的名字给予肯定，向学生说明在数学中我们规定这条线为"对称轴"，找几名学生指出蝴蝶等纸片的对称轴。教师选取一种图形（蝴蝶），用课件演示对称轴的画法。接着教师指出对称图形还有雄伟壮丽的天安门、美丽迷人的埃菲尔铁塔、庄严肃穆的天坛、历史悠久的故宫等中外名胜古迹。随着一幅幅美丽画面的不断变换，师说："正因为有了这么多对称与不对称，才让我们的世界如此五彩缤纷、美丽动人。"学生的眼睛亮了起来，赞叹之声此起彼伏。学生深切地感受到因为它们是轴对称图形，所以它们给人们美的享受。数学中对称美在这里体现得淋漓尽致。

（二）基于科学精神的核心素养学业评价

该部分内容的目的是将初中数学学科知识问题与理性思维、批判质疑、善于探究素养基本点相结合，进一步厘清数学学科在"合作对话学习"中发展学生核心素养的评价点，形成促使核心素养培养真正"落地"的抓手。

1. 理性思维类评价问题

在合作对话学习中要对知识学习、问题解决进行深刻分析，学会从多角度分析。这类问题在实施学业评价前期，可由教师在"知识链接"或"教师预设问题"中罗列，在学生能力达到后，再由学生自主生成问题解决。如下所示。

（1）有理数：有理数的分类方法有哪些？（从有理数的性质和定义等不同方面进行分类）

（2）相反数与绝对值：从数和型两个方面解释两个数互为相反数。从数和型两个方面理解绝对值。（单纯地从数的变现形式来概括或者利用数轴进行判断）

（3）有理数加法：利用有理数加法法则或者自己不同的生活经验，计算有理数的加法。（有理数加法法则很实用而且正确率高，但是基础薄弱的同学不容易理解，用生活实际去赋予正数和负数有意义的量，再进行加法运算就好理解得多）

（4）去括号的法则：利用去括号法则或者乘法对加法的分配律解题。（去括号的法则在括号前面只有"－"号时，效果比较突出。但是对于复杂点的去括号就会增加步骤，甚至增加错误的机会，此时带着符号做乘法对加法的分配律，正确率就会提高很多）

（5）一元一次不等式组及其解法：不等式组解集的确定方法。（不等式组解集的确定方法仁者见仁智者见智，最后能得到解集的公共部分并且求出正确答案的方法才是适合自己的）

（6）等腰三角形：如何区分等腰三角形的三线合一定理和线段垂直平分线的定理。

（7）一次函数与一元一次不等式：从数和型两个方面考虑不等式的取值问题。

（8）图形的相似与三角函数：利用相似或者三角函数解答问题。

2. 批判质疑类评价问题

要在合作对话学习的小组讨论过程中，对结论性知识进行批判和质疑；要在合作对话学习的展讲过程中对结论性、推导性结果质疑其合理性。在初中数学学习中，这类问题在实施学业评价前期，可由教师在"知识链接"或"教师预设问题"中罗列，在学生能力达到后，再由学生自主生成问题解决。如下所示。

（1）有理数的乘方：试讨论多重符号的判断方法。（多重符号的判断方法多种多样，对结果的符号学生们会讨论得很激烈，互相质疑，互相补充，最终得到统一的适合自己的方法）

（2）一元一次方程的解法：在"化整"的过程中用了什么性质？在"去分母"的过程中用了什么性质？在"去括号"的过程中用了什么方法？（在展讲的时候涉及"化整""去分母""去括号"等环节时，等式两边的变化会受到同学们的质疑的，并且需要长时间的讨论才能得出结论）

（3）应用题：寻找问题中的等量关系。（对于题目描述的内容，如何转化成数学内容，建立等量关系，需要逐句揣摩，学生深入探讨）

（4）二元一次方程组的解法：用适当的方法解二元一次方程组。（代入消元法、加减消元法、整体法。需要通过观察确定最

佳的解题方法，学生的角度不同，方法选择也不同，哪种方法适合就是学生们要重点讨论、质疑的地方）

（5）函数综合题复习：二次函数与一次函数，二次函数与二次函数，二次函数与坐标轴，二次函数与几何图形等。（函数综合题涉及的交点问题、存在问题、取值范围问题需要质疑存在性，边界值）

3. 善于探究类评价问题

要在讨论、展讲环节中引导学生进行探究。对教师和学生预设问题要进行思考探究、对话探究、实验探究。在初中数学学习中，这类问题在实施学业评价前期，可由教师在"知识链接"或"教师预设问题"中罗列，在学生能力达到后，再由学生自主生成问题解决。如下所示。

（1）利用数轴上的点表示有理数：有理数都包含哪些数？有理数都有哪些特点？数轴上的点和有理数的共同之处是什么？如何用数轴上的点表示所有的有理数？（学生通过探究找到数轴表示有理数的方法：能够把数轴上的部分点表示成有理数）

（2）有理数的加、减、乘、除法的法则：通过实例总结有理数的加法法则，通过实例总结有理数的减法法则，通过实例总结有理数的乘法法则，通过实例总结有理数的除法法则。（通过探究式的方式总结出有理数四则运算的法则）

（3）科学记数法：如何利用乘方的方式表示 100、1000、10000 甚至更大的数？选择科学记数法表示所有的绝对值大于 1 的有理数。如何用科学记数法表示小于 1 的小数？

（4）一元一次方程：利用等式的基本性质解一元一次方程。（解题的过程如何达到最简方程是目的，然后利用等式的基本性质进行变形）

（5）平行线的性质与判定：同位角满足什么关系时两直线平行？内错角满足什么关系时两直线平行？同旁内角满足什么关系

时两直线平行？两直线平行能得到什么样的结论？（探究并证明平行线的性质与判定）

（6）分式方程的解法：如何解分式方程？主要依据是什么？

（7）全等三角形的判定：对于全等三角形的三边三角，给出哪几个条件就能推导出两个三角形全等？

（8）等腰三角形的性质与判定：已知等腰三角形，能够得到什么样的条件？如何证明一个三角形是等腰三角形？

（9）一次函数的图像、性质、应用：观察图像我们能发现一次函数的那些性质？请举例说明。

（10）平行四边形以及特殊的平行四边形的性质和判定：平行四边形以及特殊的平行四边形具有什么样的性质？如何判断一个四边形是平行四边形或者特殊的平行四边形？如何判断一个平行四边是哪个特殊的平行四边形？

（11）一元二次方程的解法：如何用直接开平方法解一元二次方程？如何把一般的方程变成可以直接开平方的方程？（从简单的一元二次方程到一般的一元二次方程，一点一点地探究）

（三）基于学会学习的核心素养学业评价

本部分内容的目的是将初中数学学科知识问题与乐学善思、勤于反思、信息意识素养基本点相结合，进一步厘清数学学科在"合作对话学习"中发展学生核心素养的评价点，形成促使核心素养培养真正"落地"的抓手。

1. 乐学善思类评价问题

在自主探究学习中，要在课中学会讨论学习、展示学习的方法和策略，在此过程中体验成功的乐趣；在讨论、展讲中对每个问题的解决都要进行深度思考，不要简单复制和"搬家式"学习。在初中数学学习中，这类问题在实施学业评价前期，可由教师在"知识链接"或"教师预设问题"中罗列，在学生能力达到后，再由学生自主生成问题解决。

2. 勤于反思类评价问题

在自主探究学习中，要在课中养成思考"通过课堂学习我发现了什么"的好习惯。这类问题在实施学业评价前期，可由教师以"知识链接"或"教师预设问题"中罗列，在学生能力达到后，再由学生自主生成问题解决。在问题解决后，必须做小节，让学生通过小组讨论的环节，对本节课的内容进行总结和反思，并在课后的工具单中填入自己的问题，作为反馈。

3. 信息意识类评价问题

在自主探究学习中，要在讨论、展讲过程中加工、整合信息，形成个性化知识信息储备并培养信息处理方法及能力，进一步深刻理解所学知识。这类问题在实施学业评价前期，可由教师在"知识链接"或"教师预设问题"中罗列，在学生能力达到后，再由学生自主生成问题解决。

在问题解决课解决问题时，要及时完善展讲和讨论后的信息，由展讲人或者学术助理进行知识的汇总。把新得到的知识传递给每个学习者。

（四）基于健康生活的核心素养学业评价

本部分内容的目的是将初中数学学科知识问题与珍爱生活、健全人格、自我管理素养基本点相结合，进一步厘清数学学科在"合作对话学习"中发展学生核心素养的评价点，形成促使核心素养培养真正"落地"的抓手。

（五）基于责任担当的核心素养学业评价

本部分内容的目的是将初中数学学科知识问题与社会责任、国家认同、国际理解素养基本点相结合，进一步厘清数学学科在"合作对话学习"中发展学生核心素养的评价点，形成促使核心素养培养真正"落地"的抓手。

1．社会责任类评价问题

在自主探究学习中，一方面，要在讨论、展讲中让学生体会、感悟文本人物所承担的社会责任的积极影响；另一方面，要对每名成员的学习过程负责，确保班级学习效果。通过多元主体评价来落实课堂学习效果，培养社会责任意识。这类问题在实施学业评价前期，可由教师在"知识链接"或"教师预设问题"中罗列，在学生能力达到后，再由学生自主生成问题解决。

2．国家认同类评价问题

在自主探究学习中要通过讨论、展讲学习更加热爱国家，认同国家的法律，认同社会主义核心价值观，认同国家的文化、政治，深深感受学生自身发展与国家繁荣昌盛息息相关。这类问题在实施学业评价前期，可由教师在"知识链接"或"教师预设问题"中罗列，在学生能力达到后，再由学生自主生成问题解决。

在应用题解题方面，内容多设计有关国家近几年的变化与进步，让学生们深刻地了解不一样的中国。

3．国际理解类评价问题

在自主探究学习中，要在讨论、展讲学习中对当今网络时代背景下的国际社会发展有新的认识，能够理解中国的国际地位，以及与国际社会和谐发展的重要性。这类问题在实施学业评价前期，可由教师在"知识链接"或"教师预设问题"中罗列，在学生能力达到后，再由学生自主生成问题解决。

在应用题解题方面，内容多设计有关国家近几年在世界范围内取得的成就，介绍给学生，让学生深刻了解不一样的中国。

（六）基于实践创新的核心素养学业评价

本部分内容的目的是将初中数学学科知识问题与劳动意识、问题解决、技术运用素养基本点相结合，进一步厘清数学学科在"合作对话学习"中发展学生核心素养的评价点，形成促使核心素养培养真正"落地"的抓手。

1. 劳动意识类评价问题

在自主探究学习中，要通过讨论、展讲学习深刻理解学会劳动的长远意义和重要价值，培养学生自食其力，克服"啃老"或贪图享乐的不健康心理。这类问题在实施学业评价前期，可由教师在"知识链接"或"教师预设问题"中罗列，在学生能力达到后，再由学生自主生成问题解决。

2. 问题解决类评价问题

在自主探究学习中要在讨论、展讲、探究中对重点、难点问题通过对话和实践探究进行解决。这类问题在实施学业评价前期，可由教师在"知识链接"或"教师预设问题"中罗列，在学生能力达到后，再由学生自主生成问题解决。

3. 技术运用类评价问题

在自主探究学习中，要在讨论、展讲、实验、拓展训练学习中规范、科学、熟练地使用信息技术手段，提高学习效率。这类问题在实施学业评价前期，可由教师在"知识链接"或"教师预设问题"中罗列，在学生能力达到后，再由学生自主生成问题解决。

在几何教学和函数教学中，经常采用几何画板作为辅助，展示精准的图形。在教学中多用 PPT 等多媒体软件把要呈现的问题具体化。

（七）以问题解决评价单为载体的合作对话学习与学业评价案例

问题解决评价单是开展合作对话学习与学业评价的关键载体。工具单需要教师在备课时开发，要根据学习目标和重、难点问题预设好问题。如果学生能力尚未达到很高的阶段，教师要提前预设问题。本部分问题属于学生通过自主探究合作学习和对话交流学习能够完成的问题，也可以认为是原理性问题和拓展性问题。学生在课前领到学习工具单后，在结构化预习完成的基础上，将自主产生的问题通过课中的合作对话学习加以解决，并按照"个人生成→小组生成→全班生成"的问题产生流程，实现问题的逐一解决。所有问题高效解决后，应当及时组织问题训练，达到问题的训练化、效果检测即时化，这是提高课堂合作对话学习效果的重要手段。最后，要求各小组内开展"学的质量"和"学的态度"两个维度的自评、同伴评、学科长评、小组长评和学术助理或教师评价。

◆案例1：

### "负数的引入"问题解决评价单

设计人：　　　审核人：　　　序　号：

班　级：　　　组　名：　　　姓　名：

【教师预设问题】

问题1：什么叫负数？怎样表示负数？$-5\,℃$表示什么意义？

问题2：0可以表示什么意义？0是正数吗？是非负数吗？

问题3：将下列各数按要求分类。

$$-2.8,\ +\frac{5}{4},\ 0,\ -1,\ \frac{1}{4},\ -\frac{50}{3},\ -3.2,\ 5,\ \pi$$

正数：

负数：

分数：

整数：

有理数：

有理数的分类方法有：

问题 4：你能将 $-0.5$，$0.32$，$0.\dot{3}$ 化成分数吗？哪些小数可以化成分数？是不是所有小数都是有理数？

【多元评价】

| 自我评价 | 同伴评价 | 小组长评价 | 科代表评价 | 任课教师评价 |
|---|---|---|---|---|
|  |  |  |  |  |

## "负数的引入"问题训练评价单

设计人：　　　　审核人：　　　　时　间：

班　级：　　　　姓　名：

【水平训练】

1. 以海平面为基准，高出海平面记为正，低于海平面记为负，死海湖海拔低于海平面 392 米，可记为_____。

2. 判断。

（1）一个数前面添一个"－"号就是负数。（　　）

（2）有理数除了正有理数就是负有理数。（　　）

（3）0 不是整数。　　　　　　　　　　　（　　）

3. 将下列数填入相应的括号内。

$$-3，0，-\frac{2}{3}，1，-0.8，\pi，3.3，+3\frac{3}{4}$$

有理数：{ 　　　　　　　　　　　　　　　　　　　　}

整数：{ 　　　　　　　　　　　　　　　　　　　　　}

分数：{ 　　　　　　　　　　　　　　　　　　　　　}

负分数：{ 　　　　　　　　　　　　　　　　　　　　}

【多元评价】

| 自我评价 | 同伴评价 | 小组长评价 | 科代表评价 | 任课教师评价 |
|---|---|---|---|---|
|  |  |  |  |  |

◆ 案例 2：

### "绝对值"问题解决评价单

设计人： 审核人： 序　号：

班　级： 组　名： 姓　名：

【教师预设问题】

问题 1：写出绝对值分别是 $12$，$\frac{4}{7}$，$0$ 的有理数。

$|x|=12$，则 $x=$ _____；　$|x|=\frac{4}{7}$，则 $x=$ _____；

$|x|=0$，则 $x=$ _____。

问题 2：一个数的绝对值一定是正数吗？一个负数的绝对值小于零吗？为什么？

问题 3：下列说法中一定正确的是（　　）。

A. 任何一个有理数的绝对值都大于零

B. 绝对值大的数较大

C. 绝对值大的数较小

D. 一个数的绝对值是非负数

问题 4：下列说法中错误的是（　　）。

A. 0 是绝对值最小的数

B. 互为相反数的两个数的绝对值相等

C. 如果两个数的绝对值相等，那么这两个数一定相等

D. 一个负数的绝对值与这个负数互为相反数

【多元评价】

| 自我评价 | 同伴评价 | 小组长评价 | 科代表评价 | 任课教师评价 |
|---|---|---|---|---|
|  |  |  |  |  |

## "绝对值"问题训练评价单

设计人：　　　　审核人：　　　　时　间：

班　级：　　　　姓　名：

**【水平训练】**

1. $-6$ 的绝对值等于（　　）。

A. 6　　　　B. $\dfrac{1}{6}$　　　　C. $-\dfrac{1}{6}$　　　　D. $-6$

2. $|-2|$ 的值是（　　）。

A. $-2$　　　B. 2　　　C. $\dfrac{1}{2}$　　　D. $-\dfrac{1}{2}$

3. （1）$|-3.2|=$_____，$|+3.2|=$_____，绝对值等于 3.2 的数是_____。

（2）$|+6|=$_____，$|-6|=$_____，绝对值等于 6 的数是_____。

4. 绝对值小于 3 的整数有_____。

5. 若 $|a|=3$，则 $a=$_____。

6. 下列各式中不成立的是（　　）。

A. $|-(-5)|=5$　　　　B. $-|-(+5)|=5$

C. $|-5|=5$　　　　D. $-|-5|=-5$

7. 有理数的绝对值一定是（　　）。

A. 正数　　　　　　　B. 整数

C. 正数或零　　　　　D. 有理数本身

8. $a+1$ 的相反数是_____。

9. $|4m+3n|+|2m-1|=0$，求 $m$，$n$ 的值。

10. 比较 $-2.2$ 与 $-2\dfrac{1}{6}$ 的大小。

## 【多元评价】

| 自我评价 | 同伴评价 | 小组长评价 | 科代表评价 | 任课教师评价 |
|---|---|---|---|---|
|  |  |  |  |  |

◆**案例3：**

### "有理数的加法"问题解决评价单

设计人：　　　审核人：　　　序　号：

班　级：　　　组　名：　　　姓　名：

**【教师预设问题】**

问题1：计算并思考。

(1) $\left(-\dfrac{1}{2}\right)+\left(-\dfrac{1}{3}\right)=$　　　　(2) $(-2.2)+3.8=$

(3) $4\dfrac{1}{3}+\left(-5\dfrac{1}{6}\right)=$　　　　(4) $\left(-5\dfrac{1}{6}\right)+0=$

(5) $\left(+2\dfrac{1}{5}\right)+(-2.2)=$

有理数的加法可分为哪几类？请用思维导图整理出来。

问题2：有理数加法交换律和加法结合律是什么？

问题3：计算。

(1) $1(+7)+(-21)+(-7)+(+21)$；

(2) $0+(-3.71)+(+1.71)-(-5)$；

(3) $(+7)+(-21)+(-7)+(+21)$；

(4) $0+(-3.71)+(+1.71)-(-5)$。

问题4：运用有理数加法交换律和结合律简便运算时，有哪些原则？

【多元评价】

| 自我评价 | 同伴评价 | 小组长评价 | 科代表评价 | 任课教师评价 |
|---|---|---|---|---|
|  |  |  |  |  |

### "有理数的加法"问题训练评价单

设计人：　　　　审核人：　　　　时　间：

班　级：　　　　姓　名：

【水平训练】

1. 计算，直接写出答案。

$\left(-1\dfrac{2}{3}\right)+\left(-1\dfrac{2}{3}\right)=$　　　　$7\dfrac{2}{5}+(-1.2)=$

$-8.5+8.5=$　　　　$\left(-8\dfrac{1}{3}\right)+8\dfrac{1}{3}=$

$-4\dfrac{1}{4}+2\dfrac{1}{2}=$　　　　$5\dfrac{2}{5}+\left(-5\dfrac{4}{5}\right)=$

2. 计算。

(1) $(-6)+8+(-4)+12$；

(2) $1\dfrac{4}{7}+\left(-2\dfrac{1}{3}\right)+\dfrac{3}{7}+\dfrac{1}{3}$；

(3) $(-8)+(-1.2)+(-0.6)+(-2.4)$；

(4) $\left(-\dfrac{1}{2}\right)+\left(-\dfrac{2}{5}\right)+\left(+\dfrac{3}{2}\right)+\left(\dfrac{18}{5}\right)+\left(\dfrac{39}{5}\right)$。

【多元评价】

| 自我评价 | 同伴评价 | 小组长评价 | 科代表评价 | 任课教师评价 |
|---|---|---|---|---|
| | | | | |

**案例4：**

### "数的近似和科学记数法"问题解决评价单

设计人： 审核人： 序 号：

班 级： 组 名： 姓 名：

【教师预设问题】

问题1：用符号表示科学记数法的形式，并说明如何快速确定 $n$ 的值。

问题2：在上述表示中，$a$ 和 $n$ 的取值范围分别是什么？

问题3：如何求一个数的精确到某位的近似数？

【多元评价】

| 自我评价 | 同伴评价 | 小组长评价 | 科代表评价 | 任课教师评价 |
|---|---|---|---|---|
| | | | | |

## "数的近似和科学记数法"问题训练评价单

设计人：　　　　审核人：　　　　时　间：

班　级：　　　　姓　名：

**【水平训练】**（分）

问题 1：用科学记数法表示 3080000 正确的是(　　)。

A. $308 \times 10^4$　　　　　　　B. $30.8 \times 10^5$

C. $3.8 \times 10^8$　　　　　　　D. $3.08 \times 10^6$

问题 2："全民行动，共同节约"，我国 13 亿人口如果都响应国家号召，每人每年节约 1 度电，一年可节约电 1300000000 度，这个数用科学记数法表示，正确的是(　　)。

A. $1.30 \times 10^9$　　　　　　　B. $1.3 \times 10^9$

C. $0.13 \times 10^{10}$　　　　　　D. $1.3 \times 10^{10}$

问题 3：1.804 精确到百分位的结果是_____。

问题 4：3.8963 精确到 0.1 的结果是_____。

问题 5：下列判断正确的是(　　)。

A. 近似数 0.35 与 0.350 的精确度相同

B. $a$ 的相反数为 $-a$

C. $m$ 的倒数为 $\dfrac{1}{m}$

D. $|m| = m$

**【多元评价】**

| 自我评价 | 同伴评价 | 小组长评价 | 科代表评价 | 任课教师评价 |
| --- | --- | --- | --- | --- |
|  |  |  |  |  |

案例 5：

## "线段中点"问题解决评价单

设计人：　　　　审核人：　　　　序　号：

班　级：　　　组　名：　　　　姓　名：

**【教师预设问题】**

问题 1：如图，线段 $AB=10$，点 $C$ 为线段 $AD$ 的中点，线段 $AC=4.5$，求线段 $DB$ 的长。

```
  |----------|-------|--|
  A          C       D  B
```

问题 2：如图，点 $C$ 是线段 $AB$ 的中点，$BC=3$，$BD=1$，求 $AD$ 的长。

```
  |----------|-------|--|
  A          C       B  D
```

问题 3：已知点 $C$ 是线段 $AB$ 上的一点，$D$ 是 $AC$ 的中点，$AB=10$，$BC=4$，求 $AD$ 的长。

问题 4：在直线 $a$ 上顺次取三点 $A$，$B$，$C$，且 $AB=3$，$BC=7$，线段 $AC$ 的中点为 $D$，求线段 $CD$ 的长。

问题 5：在直线 $a$ 上取三点 $A$，$B$，$C$，且 $AB=8$，$BC=4$，线段 $AC$ 的中点为 $D$，求线段 $BD$ 的长。

问题 6：已知 $A$，$B$，$C$ 三点在同一条直线上，若线段 $BC=3$，$AB=5$，求 $AC$ 的长。

**【多元评价】**

| 自我评价 | 同伴评价 | 小组长评价 | 科代表评价 | 任课教师评价 |
|---|---|---|---|---|
|  |  |  |  |  |

## "线段中点"问题训练评价单

设计人：　　　审核人：　　　时　间：

班　级：　　　姓　名：

**【水平训练】**

问题1：对于线段的中点，有以下几种说法：①因为 $AM=MB$，所以 $M$ 是 $AB$ 的中点；②若 $AM=MB=\frac{1}{2}AB$，则 $M$ 是 $AB$ 的中点；③若 $AM=\frac{1}{2}AB$，则 $M$ 是 $AB$ 的中点；④若 $A$，$M$，$B$ 在一条直线上，且 $AM=MB$，则 $M$ 是 $AB$ 的中点。以上说法正确的是（　　）。

A. ①②③　　　　　　　　B. ①③

C. ②④　　　　　　　　D. 以上结论都不对

问题2：已知线段 $OA=5\ cm$，$OB=3\ cm$，则下列说法正确的是（　　）。

A. $AB=2\ cm$　　　　　　B. $AB=8\ cm$

C. $AB=4\ cm$　　　　　　D. 不能确定 $AB$ 的长度

问题3：如图，延长线段 $AB$ 到点 $C$，使 $BC=\frac{1}{2}AB$，$D$ 为 $AC$ 的中点，$DC=2$，求 $AB$ 的长。

```
A          D    B        C
├──────────┼────┼────────┤
```

**【多元评价】**

| 自我评价 | 同伴评价 | 小组长评价 | 科代表评价 | 任课教师评价 |
|---|---|---|---|---|
|  |  |  |  |  |

**案例 6：**

## "直线、射线、线段"问题解决评价单

设计人：　　　　审核人：　　　　序　号：

班　级：　　　　组　名：　　　　姓　名：

**【教师预设问题】**

问题 1：建筑工人在砌墙时会在一面墙的两头分别固定两枚钉子，然后在钉子之间拉一条绳子，定出一条直的参照线，这样砌出的墙就是直的。

（1）请尝试说出其中蕴含的数学原理。

（2）你还能举出生活当中应用这一数学原理的例子吗？

问题 2：已知平面内的四个点 $A$，$B$，$C$，$D$，过其中任意两点画直线，可以画出几条？

问题 3：自从 2008 年 12 月"杭州—北京南"的区间动车组 D310 开通以来，沿途设有嘉兴南↔昆山南↔苏州东↔无锡↔常州↔镇江共 6 个停靠站。假如动车 D310 只在这 8 个车站停靠，在这段线路上往返行车，需印制几种车票（每种车票上都要印出上车站与下车站）？

**【多元评价】**

| 自我评价 | 同伴评价 | 小组长评价 | 科代表评价 | 任课教师评价 |
|---|---|---|---|---|
|  |  |  |  |  |

## "直线、射线、线段"问题训练评价单

设计人： 审核人： 时 间：

班 级： 姓 名：

**【水平训练】**（分）

问题 1：要把木条固定在墙上至少要钉_____个钉子，这是因为_____。

问题 2：经过一点的直线有_____条；经过两点的直线有_____条；并且_____一条；经过三点的直线_____存在，如点 $C$ 不在经过 $A$，$B$ 两点的直线 $AB$ 上，那么_____经过 $A$，$B$，$C$ 三点的直线。

问题 3：如图，点 $O$ 在线段 $AB$ _____；点 $B$ 在射线 $AB$ _____；点 $A$ 是线段 $AB$ 的一个_____。

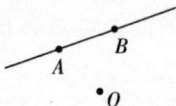

问题 4：如图所示，有直线、射线和线段，根据图中的特征判断其中能相交的是（ ）。

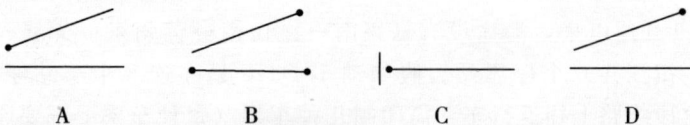

A  B  C  D

问题 5：下列说法中正确的有（ ）。

①钢笔可看作线段 ②探照灯光线可看作射线 ③笔直的高速公路可看作一条直线 ④电线杆可看作线段

A. 1 个 B. 2 个 C. 3 个 D. 4 个

**【多元评价】**

| 自我评价 | 同伴评价 | 小组长评价 | 科代表评价 | 任课教师评价 |
|---|---|---|---|---|
|  |  |  |  |  |

◆案例7:

## "角平分线"问题解决评价单

设计人： 审核人： 序 号：
班 级： 组 名： 姓 名：

**【教师预设问题】**

问题1：如图所示，

(1) ∵ $OC$ 是 ∠$AOB$ 的平分线（已知），

∴ _____ = _____（ _____ ）。

(2) ∵ $OC$ 是 ∠$AOB$ 的平分线（已知），

∴ ∠$AOB$ = 2 _____（ _____ ）。

(3) ∵ _____ = $\frac{1}{2}$∠$AOB$（已知），

∴ $OC$ 是 ∠$AOB$ 的平分线（ _____ ）。

(4) ∵ _____ = _____（已知），

∴ $OC$ 是 ∠$AOB$ 的平分线（ _____ ）。

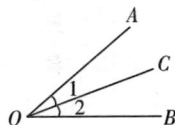

问题2：如图，∠$BAC$ = 20°，射线 $AC$ 平分 ∠$BAD$，求∠$CAD$。

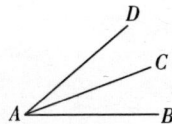

问题3：如图，∠$BAC$ = 20°，射线 $AC$ 平分 ∠$BAD$，求∠$BAD$。

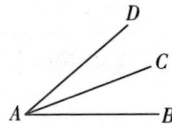

问题 4：如图，已知 $\angle BAE = 100°$，$\angle EAD = 60°$，$AC$ 是 $\angle BAD$ 的平分线，求 $\angle BAC$。

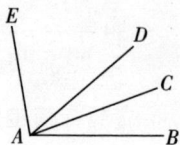

问题 5：如图，已知 $\angle AOB = 90°$，$\angle BOC = 40°$，$OE$ 平分 $\angle AOB$，$OF$ 平分 $\angle BOC$，求 $\angle EOF$ 的度数。

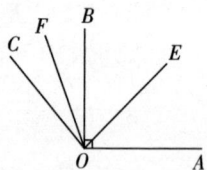

问题 6：如图，$OE$ 平分 $\angle BOC$，$OD$ 平分 $\angle AOC$，$\angle BOE = 20°$，$\angle AOD = 40°$，求 $\angle AOB$ 的度数。

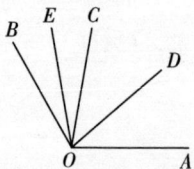

【多元评价】

| 自我评价 | 同伴评价 | 小组长评价 | 科代表评价 | 任课教师评价 |
|---|---|---|---|---|
|  |  |  |  |  |

## "角平分线"问题训练评价单

设计人：　　　　　　审核人：　　　　　　时　间：

班　级：　　　　　　姓　名：

【水平训练】

问题 1：射线 $OC$ 在 $\angle AOB$ 的内部，下列四个式子中不能判定 $OC$ 是 $\angle AOB$ 的平分线的是(　　)。

A. $\angle AOB = 2\angle AOC$ 　　　　B. $\angle BOC = \angle AOC$

C. $\angle AOC = \dfrac{1}{2}\angle AOB$ 　　　　D. $\angle AOC + \angle BOC = \angle AOB$

问题 2：如图，$OC$ 是 $\angle AOB$ 的平分线，$OD$ 平分 $\angle AOC$，且 $\angle COD = 25°$，则 $\angle AOB = ($　　$)$。

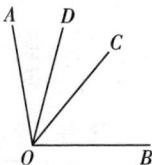

A. $100°$ 　　　　　　　　　B. $75°$

C. $50°$ 　　　　　　　　　D. $20°$

问题 3：如图，射线 $OD$ 是平角 $\angle AOB$ 的平分线，$\angle COE = 90°$，那么下列式子中错误的是(　　)。

A. $\angle AOC = \angle DOE$

B. $\angle COD = \angle BOE$

C. $\angle AOD = \angle BOD$

D. $\angle BOE = \angle AOC$

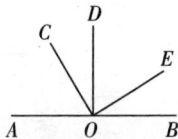

【多元评价】

| 自我评价 | 同伴评价 | 小组长评价 | 科代表评价 | 任课教师评价 |
| --- | --- | --- | --- | --- |
|  |  |  |  |  |

◆案例 8：

"一元一次不等式组及其解法"问题解决评价单

设计人：　　　　审核人：　　　　序　号：
班　级：　　　　组　名：　　　　姓　名：

【教师预设问题】

问题 1：解下列不等式组，并把它的解集表示在数轴上。

(1) $\begin{cases} 5x+6>4x, \\ 15-9x<10-4x; \end{cases}$ 　　　　(2) $\begin{cases} 3(x-1)+2>2(x+1), \\ x-5<2(3x-1); \end{cases}$

(3) $\begin{cases} 3x-2>2x-5, \\ \dfrac{x}{2}-\dfrac{1}{2}\leqslant\dfrac{x-2}{3}。 \end{cases}$

问题 2：求 $-3<\dfrac{3x-2}{2}-1\leqslant9$ 的整数解。

问题 3：解一元一次不等式组的步骤是什么？需要注意什么？

## 【多元评价】

| 自我评价 | 同伴评价 | 小组长评价 | 科代表评价 | 任课教师评价 |
|---|---|---|---|---|
| | | | | |

## "一元一次不等式组及其解法"问题训练评价单

设计人：          审核人：          时　间：

班　级：          姓　名：

### 【水平训练】（分）

1. 解下列不等式组，并把它的解集表示在数轴上。

(1) $\begin{cases} 2x-1\geqslant0, \\ 4-x\geqslant0; \end{cases}$          (2) $\begin{cases} \dfrac{1}{2}x-1>x, \\ 2x-4>3x+3。 \end{cases}$

2. 解不等式组 $\begin{cases} 2x+5\leqslant3(x+2), \\ \dfrac{x-1}{2}<\dfrac{x}{3}, \end{cases}$          并写出不等式组的整数解。

**【多元评价】**

| 自我评价 | 同伴评价 | 小组长评价 | 科代表评价 | 任课教师评价 |
|---|---|---|---|---|
| | | | | |

**案例9：**

**"用代入消元法解二元一次方程组"问题解决评价单**

设计人：　　　　审核人：　　　　序　号：

班　级：　　　　组　名：　　　　姓　名：

**【教师预设问题】**

问题1：用代入消元法解方程组 $\begin{cases} x-y=3, & ① \\ 3x-8y=14。 & ② \end{cases}$

解：由①，得 $x=$ _____。③

　　　……

[反思]

（1）求得的未知数的值是原方程组的解吗？请检验。

（2）把③代入①可以吗？为什么？

（3）你认为用代入消元法解方程时，怎样避免（2）中这种情况发生？

（4）解此方程组的第一步为什么要"由①，得……"而不是"由②，得……"呢？你认为在用代入消元法解方程组的第一步时应选择哪种方程变形比较简便呢？

问题2：用代入消元法解二元一次方程组的步骤是什么？

问题 3：解下列方程组：

(1) $\begin{cases} y=3x-1, \\ 2x+4y=24; \end{cases}$   (2) $\begin{cases} 4x-y=5, \\ 3(x-1)=2y-3; \end{cases}$

(3) $\begin{cases} 2s=3t, \\ 3s-2t=5; \end{cases}$   (4) $\begin{cases} 5x+6y=13, \\ 7x+18y=-1. \end{cases}$

问题 4：已知 $\begin{cases} x=2, \\ y=-1 \end{cases}$ 是方程组 $\begin{cases} ax+y=b, \\ 4x-by=a+5 \end{cases}$ 的解，求 $a$，$b$ 的值。

**【多元评价】**

| 自我评价 | 同伴评价 | 小组长评价 | 科代表评价 | 任课教师评价 |
|---|---|---|---|---|
|  |  |  |  |  |

**"用代入消元法解二元一次方程组"问题训练评价单**

设计人：　　　审核人：　　　时　间：

班　级：　　　姓　名：

**【水平训练】**

1. 已知方程组 $\begin{cases} 4y=x+4, \\ 5y=4x+3, \end{cases}$ 下列方法中比较简捷的解法是（　　）。

A. 利用①，用含 $x$ 的式子表示 $y$，再代入②；

B. 利用①，用含 $y$ 的式子表示 $x$，再代入②；

C. 利用②，用含 $x$ 的式子表示 $y$，再代入①；

D. 利用②，用含 $y$ 的式子表示 $x$，再代入①。

2. 解方程组：

(1) $\begin{cases} 3x-y=5, \\ 5x+3y-13=0; \end{cases}$ 　　(2) $\begin{cases} x+y=8, \\ 5x-2(x+y)=-1。 \end{cases}$

【多元评价】

| 自我评价 | 同伴评价 | 小组长评价 | 科代表评价 | 任课教师评价 |
| --- | --- | --- | --- | --- |
|  |  |  |  |  |

案例10：

**"用加减消元法解二元一次方程组"问题解决评价单**

设计人：　　　　审核人：　　　　序　号：

班　级：　　　　组　名：　　　　姓　名：

【教师预设问题】

问题1：用加减消元法解下列二元一次方程组：

(1) $\begin{cases} x-y=5, \\ 3x+y=3; \end{cases}$ 　　(2) $\begin{cases} 2x-5y=7, \\ 2x+3y=-1。 \end{cases}$

问题2：用加减消元法解二元一次方程组的步骤是什么？

问题3：用加减消元法解下列二元一次方程组：

(1) $\begin{cases} 2x+3y=12, \\ 3x+4y=17; \end{cases}$ 　　(2) $\begin{cases} 3x+4y=16, \\ 5x-6y=33。 \end{cases}$

【多元评价】

| 自我评价 | 同伴评价 | 小组长评价 | 科代表评价 | 任课教师评价 |
| --- | --- | --- | --- | --- |
|  |  |  |  |  |

"用加减消元法解二元一次方程组"问题训练评价单

设计人： 审核人： 时 间：

班 级： 姓 名：

**【水平训练】**

问题 1：解方程组 $\begin{cases} 3x+5y=12, \\ 3x-15y=-6。 \end{cases}$

问题 2：已知方程组 $\begin{cases} mx+n=5, \\ my-n=1 \end{cases}$ 的解是 $\begin{cases} x=1, \\ y=2, \end{cases}$ 求 $m$，$n$ 的值。

**【多元评价】**

| 自我评价 | 同伴评价 | 小组长评价 | 科代表评价 | 任课教师评价 |
|---|---|---|---|---|
|  |  |  |  |  |

❦**案例 11：**

"对顶角"问题解决评价单

设计人： 审核人： 序 号：

班 级： 组 名： 姓 名：

**【教师预设问题】**

问题 1：下列各图中∠1 和∠2 是对顶角吗？为什么？

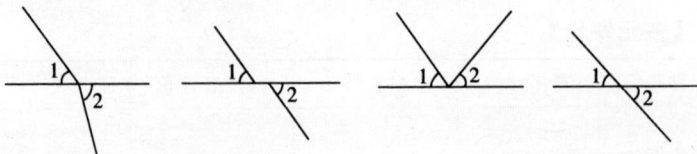

问题 2：判断：

（1）如果两个角相等，那么这两个角是对顶角。（　　）

（2）如果两个角有公共顶点，那么这两个角是对顶角。（　　）

（3）如果两个角有公共顶点且没有公共边，那么这两个角是对顶角。（　　）

（4）对顶角的角平分线在一条直线上。（　　）

问题 3：如图，如果直线 $AB$，$CD$ 交于 $O$，$\angle 1 = 35°$，$\angle AOE = 90°$，求 $\angle 2$，$\angle 3$ 的度数。

解：∵直线 $AB$，$CD$ 交于 $O$，$\angle 1 = 35°$（已知），

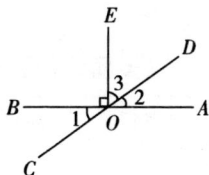

∴$\angle$_____ ＝ $\angle$_____ ＝ $35°$（对顶角相等）。

∵$\angle AOE =$_____（已知），

∴$\angle 3 =$_____。

问题 4：如果直线 $AB$，$CD$ 交于 $O$，如果 $\angle AOC - \angle COB = 70°$，那么 $\angle AOC =$_____，$\angle BOD =$_____。（自己画出图形，简要写出过程）

问题 5：如图，直线 $AB$，$CD$ 交于 $O$，射线 $OM$ 平分 $\angle AOC$。若 $\angle BOD = 76°$，求 $\angle BOM$ 的度数。

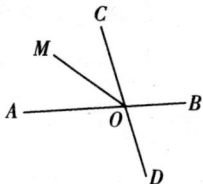

问题 6：（1）如图，三条直线相交于一点，有几对对顶角？几对邻补角（平角除外）？

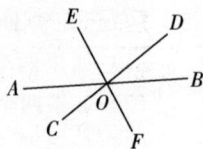

（2）请你画出图形，四条直线相交于一点 $O$，有几对对顶角？几对邻补角（平角除外）？

（3）$m$ 条直线相交于一点 $O$，有几对对顶角？几对邻补角（平角除外）？

**【多元评价】**

| 自我评价 | 同伴评价 | 小组长评价 | 科代表评价 | 任课教师评价 |
|---|---|---|---|---|
|  |  |  |  |  |

## "对顶角"问题训练评价单

设计人：　　　　审核人：　　　　时　间：

班　级：　　　　姓　名：

**【水平训练】**

问题 1：图中 $\angle 1$ 和 $\angle 2$ 是对顶角的是（　　）。

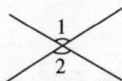 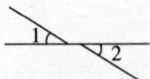  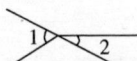

A　　　　　　　B　　　　　　　C　　　　　　　D

问题 2：如图，直线 $AB$ 与 $CD$ 相交于点 $O$，若 $\angle AOC = \dfrac{1}{3}\angle AOD$，则 $\angle BOD$ 的度数为（　　）。

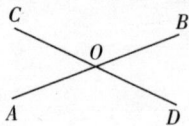

　　A. $30°$　　　　　　　B. $45°$

　　C. $60°$　　　　　　　D. $135°$

【多元评价】

| 自我评价 | 同伴评价 | 小组长评价 | 科代表评价 | 任课教师评价 |
|---|---|---|---|---|
|  |  |  |  |  |

案例12：

### "三线八角"问题解决评价单

设计人：　　　　审核人：　　　　序　号：
班　级：　　　　组　名：　　　　姓　名：

【教师预设问题】

问题1：下面四个图形中，∠1和∠2是同位角的是(　　　)。

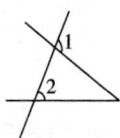　　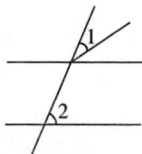　　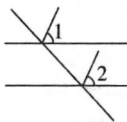　　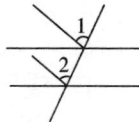

①　　　　　　　②　　　　　　　③　　　　　　　④

问题2：如图，

（1）∠3和∠4是_____角，是_____
和_____被_____所截形成的。

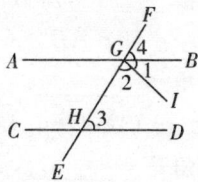

（2）∠BGH 和∠3 是_____角，是
_____和_____被_____所截形成的。

（3）∠2和∠3是_____角，是_____
和_____被_____所截形成的。

（4）∠CHG 和∠BGH 是_____角，是由_____和
_____被_____所截形成的。

问题3：

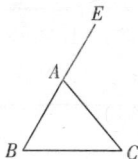　　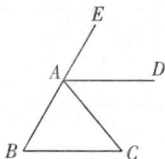　　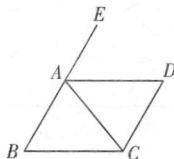

①　　　　　　　②　　　　　　　③

137

（1）如图①，

①∠C 与∠EAC 互为 _____，是 _____ 和 _____ 被 _____所截形成的；

②∠C 与∠CAB 互为 _____，是 _____ 和 _____ 被 _____所截形成的；

③如图①，指出∠B 的同位角和同旁内角。

（2）如图②，

①∠C 与∠CAD 互为 _____；

②指出图中∠B 的同位角和同旁内角。

（3）如图③，∠D 和∠BCD 互为 _____，∠D 和 _____ 互为同旁内角（写出 2 个）。

问题 4：填空：

（1）∠1，∠2 是直线 _____，_____ 被 _____所截而成的 _____；

（2）∠3，∠4 是直线 _____，_____ 被 _____所截而成的 _____；

（3）AB，AC 被 BE 所截形成的内错角是 _____，同旁内角是 _____；

（4）DE，BC 被 AB 所截形成的同位角是 _____，同旁内角是 _____。

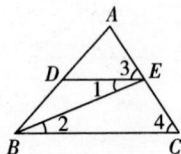

问题 5：在图中识别同位角、内错角、同旁内角的过程中应注意什么？

**【多元评价】**

| 自我评价 | 同伴评价 | 小组长评价 | 科代表评价 | 任课教师评价 |
|---|---|---|---|---|
|  |  |  |  |  |

## "三线八角"问题训练评价单

设计人：　　　　审核人：　　　　时　间：

班　级：　　　　姓　名：

**【水平训练】**

问题1：如图，若直线 $a$，$b$ 被直线 $c$ 所截，在构成的八个角中指出，下列各角是属于哪种特殊位置关系的角？

(1) ∠1 与 ∠2 是_____；

(2) ∠5 与 ∠7 是_____；

(3) ∠1 与 ∠5 是_____；

(4) ∠5 与 ∠3 是_____；

(5) ∠5 与 ∠4 是_____；

(6) ∠8 与 ∠4 是_____；

(7) ∠4 与 ∠6 是_____；

(8) ∠6 与 ∠3 是_____；

(9) ∠3 与 ∠7 是_____；

(10) ∠6 与 ∠2 是_____。

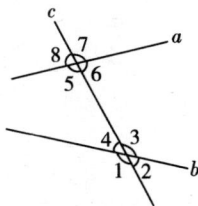

问题2：如图，图中用数字标出的角中，同位角有_____；内错角有_____；同旁内角有_____。

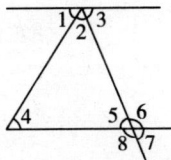

**【多元评价】**

| 自我评价 | 同伴评价 | 小组长评价 | 科代表评价 | 任课教师评价 |
|---|---|---|---|---|
|  |  |  |  |  |

**案例13：**

## "等腰三角形的判定"问题解决评价单

设计人：　　　　审核人：　　　　序　号：

班　级：　　　　组　名：　　　　姓　名：

**【教师预设问题】**

问题 1：如图，在△ABC 中，∠A＝36°，∠C＝72°。

（1）请你判断△ABC 的形状，并说明理由；

（2）过△ABC 的一个顶点，在△ABC 内部添加一条线段，使之产生新的等腰三角形，你有几种做法？请你作出等腰三角形，并标出其各角的度数；

（3）点 D 为△ABC 的腰 AB 上的一个定点，如图，过点 D 在△ABC 内部添加一条线段，使之产生新的等腰三角形，你有几种做法？请你作出等腰三角形，并标出其各角的度数。

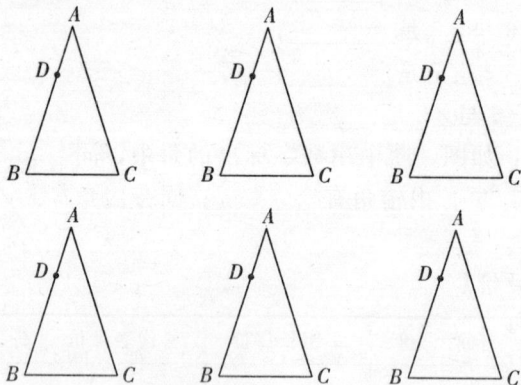

问题 2：如图，在△ABC 中，AB＝AC，BE 平分∠ABC，且 DE∥BC。图中有几个等腰三角形？请你分别找出，并说明理由。

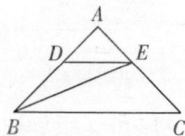

问题3：已知：如图，在△ABC 中，∠ABC 和∠ACB 的平分线交于点 D，过点 D 作 BC 的平行线交 AB 于 E，交 AC 于 F。

求证：（1）EB＝ED；（2）EF＝EB＋FC。

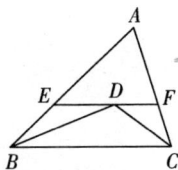

问题4：如图，△ABC 中，BE⊥AC 于 E，CF⊥AB 于 F，H 是 BE，CF 的交点，且 HB＝HC。求证△ABC 是等腰三角形。

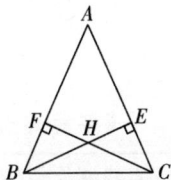

【多元评价】

| 自我评价 | 同伴评价 | 小组长评价 | 科代表评价 | 任课教师评价 |
|---|---|---|---|---|
|  |  |  |  |  |

## "等腰三角形的判定"问题训练评价单

设计人：　　　　审核人：　　　　时　间：

班　级：　　　　姓　名：

【水平训练】

1. 在 △ABC 中，∠A＝80°，∠B＝50°，则 △ABC 是_____三角形，你的判断依据是_____。

2. 若一个三角形三个内角的比为 2∶2∶5，则三角形的三个内角的度数分别为_____，这是一个_____三角形。

3. 已知：如图，$AD$ 交 $BC$ 于点 $O$，$AB /\!/ CD$，$OA = OB$。
求证：$OC = OD$。

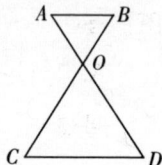

5. （选做）如图，已知 $CE$ 平分 $\triangle ABC$ 的外角 $\angle ACD$，且 $CE /\!/ AB$。

求证：$\triangle ABC$ 是等腰三角形。

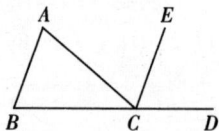

【多元评价】

| 自我评价 | 同伴评价 | 小组长评价 | 科代表评价 | 任课教师评价 |
|---|---|---|---|---|
|  |  |  |  |  |

**案例14：**

"轴对称和轴对称图形"问题解决评价单

设计人：　　　　审核人：　　　　序　号：

班　级：　　　　组　名：　　　　姓　名：

【教师预设问题】

问题1：下面的希腊字母中，是轴对称图形的为（　　　）。

A　　　　B　　　　C　　　　D

问题2：在角、线段、等边三角形、钝角三角形中，轴对称图形有(　　)。

A. 1个　　　　B. 2个　　　　C. 3个　　　　D. 4个

问题3：下列图案中，是轴对称图形的是(　　)。

A　　　　　　B　　　　　　C　　　　　　D

问题4：下列图案中，是轴对称图形，有且只有三条对称轴的是(　　)。

　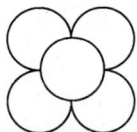　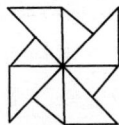　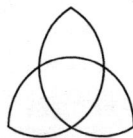

A　　　　　　B　　　　　　C　　　　　　D

问题5：下列图形中，哪一幅成轴对称？(　　)

　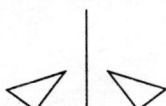　　

A　　　　　　B　　　　　　C　　　　　　D

问题6：下列图形中，是轴对称图形且对称轴有且只有两条的是(　　)。

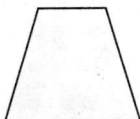　　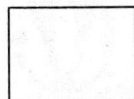　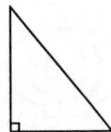

A.等腰三角形　　B.等边三角形　　C.矩形　　D.直角三角形

问题 7：如图，做出 △ABC 关于直线 l 的对称三角形 A′B′C′。

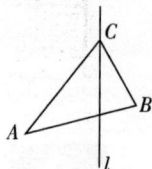

**【多元评价】**

| 自我评价 | 同伴评价 | 小组长评价 | 科代表评价 | 任课教师评价 |
| --- | --- | --- | --- | --- |
|  |  |  |  |  |

"轴对称和轴对称图形"问题训练评价单

设计人：　　　　审核人：　　　　时　间：

班　级：　　　　姓　名：

**【水平训练】**（分）

1. 下列四种图形中，一定是轴对称图形的有（　　）。

①等腰三角形　②等边三角形　③直角三角形　④等腰直角三角形

A. 1 种　　　　B. 2 种　　　　C. 3 种　　　　D. 4 种

2. 下列图形中不是轴对称图形的是（　　）。

A. 圆　　　　　　　　　　B. 正方形

C. 直角三角形　　　　　　D. 等腰三角形

3. 下列图案中不是轴对称图形的是（　　）。

A　　　　　　　B　　　　　　　C　　　　　　　D

4. 下列图案中，是轴对称图形的有（　　）。

　A. 1个　　　　　　　　　B. 2个
　C. 3个　　　　　　　　　D. 4个

5. 在英文字母 A、C、M、T 中，轴对称图形的个数
是（　　）。

　A. 1　　　　　　　　　B. 2
　C. 3　　　　　　　　　D. 4

6. 如图，下列图案是我国几家银行的标志，其中轴对称图形
有（　　）。

　①　　　　　②　　　　　③　　　　　④

　A. 1个　　　　　　　　　B. 2个
　C. 3个　　　　　　　　　D. 4个

【多元评价】

| 自我评价 | 同伴评价 | 小组长评价 | 科代表评价 | 任课教师评价 |
|---|---|---|---|---|
|  |  |  |  |  |

案例15：

"平行四边形的判定1"问题解决评价单

设计人：　　　　审核人：　　　　序　号：
班　级：　　　　组　名：　　　　姓　名：

**【教师预设问题】**

1. 已知：如图，在平行四边形 $ABCD$ 中，对角线 $AC$ 与 $BD$ 交于点 $O$，点 $E$，$F$ 分别是 $AO$，$OC$ 的中点。求证：四边形 $BFDE$ 是平行四边形。

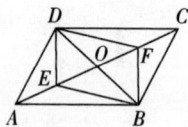

2. 已知：如图，四边形 $ABCD$ 中，$\angle B = \angle D$，$\angle 1 = \angle 2$，四边形 $ABCD$ 是平行四边形吗？为什么？

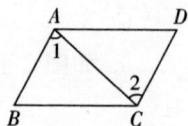

3. 延长 $\triangle ABC$ 的中线 $AD$ 至 $E$，使 $DE = AD$，四边形 $ABEC$ 是平行四边形吗？为什么？

**【多元评价】**

| 自我评价 | 同伴评价 | 小组长评价 | 科代表评价 | 任课教师评价 |
| --- | --- | --- | --- | --- |
|  |  |  |  |  |

**"平行四边形的判定 1"问题训练评价单**

设计人：　　　　审核人：　　　时　间：

班　级：　　　　姓　名：

**【水平训练】**

已知：如图，在平行四边形 $ABCD$ 中，$E$，$F$ 是对角线 $AC$ 上的不同两点，$AE=CF$。

求证：四边形 $BFDE$ 是平行四边形。

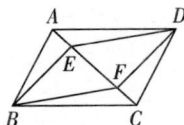

**【多元评价】**

| 自我评价 | 同伴评价 | 小组长评价 | 科代表评价 | 任课教师评价 |
|---|---|---|---|---|
|  |  |  |  |  |

**案例16：**

## "相似三角形的判定1"问题解决评价单

设计人：　　　　审核人：　　　　序　号：

班　级：　　　　组　名：　　　　姓　名：

**【教师预设问题】**

问题1：已知 $\triangle ABC$ 中，$DE \parallel BC$，若 $AD=3$，$AE=2$，$EC=4$，$DE=2.5$，求 $BD$，$BC$ 的长。

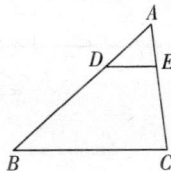

问题2：如图，在 $\square ABCD$ 中，$EF \parallel AB$，$DE:EA=2:3$，$EF=4$，求 $CD$ 的长。

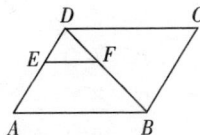

问题 3：如图，在 Rt△ABC 中，∠ACB＝90°，CD⊥AB 于
D，若 AD＝1，BD＝4，求 CD 的长。

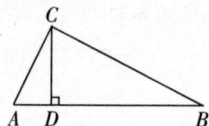

问题 4：如图，D 为△ABC 的 AB 边上的一点，∠DCA＝
∠B，若 AC＝$\sqrt{6}$ cm，AB＝3 cm，求 AD 的长。

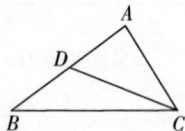

【多元评价】

| 自我评价 | 同伴评价 | 小组长评价 | 科代表评价 | 任课教师评价 |
| --- | --- | --- | --- | --- |
|  |  |  |  |  |

## "相似三角形的判定 1"问题训练评价单

设计人：　　　　审核人：　　　　时　间：

班　级：　　　　姓　名：

【水平训练】

问题 1：下列各组图形有可能不相似的是（　　）。

A. 各有一个角是 50°的两个直角三角形

B. 各有一个角是 100°的两个等腰三角形

C. 各有一个角是 50°的两个等腰三角形

D. 两个等腰直角三角形

问题 2：已知：如图，在△ABC 中，D 是 AB 上的一点，E 是 AC 上的一点，且∠ADE＝∠ACB。

求证：AD · AB＝AC · AE。

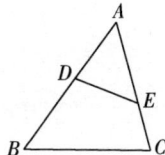

问题 3：已知，如图，在 Rt△ABC 中，∠C＝30°，AD 是∠BAC 的平分线，请找出图中的相似三角形，并说明理由。

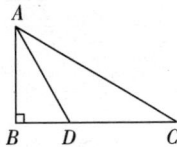

【多元评价】

| 自我评价 | 同伴评价 | 小组长评价 | 科代表评价 | 任课教师评价 |
|---|---|---|---|---|
| | | | | |

## 第四章

# 基于核心素养的回归拓展
# 学习与学业评价

▶ 　　在发展核心素养的回归拓展学习视野下，
创新初中数学复习课，建立体现"知识建构、问
题解决、拓展训练"等要素的多元回归拓展学习
形式，将有利于引导学生理论联系实际，运用所
学知识解决实际问题，在实践中内化所学知识。
针对学生回归拓展学习方法的全面了解、客观诊
断、有效评估和针对性培养对于帮助学生提高学
习效果及学业质量有着重要的现实指导意义。

　　本章主要包括以下内容：

　　一是基于发展核心素养的回归拓展学习理念
和原则；二是基于促进多元发展的回归拓展学习
方法；三是实施以目标达成评价单为主线的学业
评价。

# 一、基于发展核心素养的回归拓展学习理念和原则

（一）基于核心素养的回归拓展学习理念

在传统课堂视野下，教师在复习阶段主要是通过复习课、练习课、试卷讲评课等课型来指导学生完成复习任务，在组织复习时，教师简洁、系统、重点地给学生讲授知识要点，然后主要依靠教辅资料来组织学生做大量的试题，采用题海战术。最终，教师教得苦，学生学得苦，学生考试成绩依旧平平。其原因是：教师的工作简单、重复，缺乏智慧；学生的学习过程是重复、机械、缺乏理解的训练，很多复习都是低效的。

初中数学基于发展核心素养的有效回归拓展学习，从原理创新角度来看，要通过这种课堂使学生学会回归学习，我们就要引入问题教学法原理、多元回归复习理念和思维，使复习课体现自主建构知识、合作探究问题、促进多元思维发展的特点，使教师在复习阶段中实现智慧导学，使学生实现智慧复习，全面提高多元回归复习效率，真正让学生成长为有效复习的主人，成为智慧复习的成功者。

基于发展核心素养的初中数学有效回归拓展学习，是以中国学生发展核心素养的综合表现即人文底蕴、科学精神、学会学习、健康生活、责任担当、实践创新等六大素养为基点，在学科素养培养之中予以强化和加深的。例如：在数学学习中，潜移默化地强调学生在学习、理解、运用科学知识和技能等方面形成的价值标准、思维方式和行为表现，就能将学生的理性思维、批判质疑、勇于探究等基本科学素养得以落实；科学地指导学生开展有效回归拓展学习，这也是数学学科培养学生学习意识形成、学习方式方法选择、学习进程评估调控等方面的素养的重要途径和方法；在数学回归拓展学习中，鼓励学生通过日常活动、解决问

题、适应挑战等方式不断提高实践能力、创新意识和行为表现等素养。可以看出，这些核心素养的具体表现要求与回归拓展学习的能力培养指向是吻合的，回归拓展学习是培养学生发展核心素养的有效手段。

（二）基于核心素养的回归拓展学习原则

1. 教师团队合作教研原则

在核心素养的回归拓展学习视野下，教师要积极开展教师团队的内部合作，加强教师之间的高度合作，根据教学研究工作需要，开展学科合作教研，开展学科教学探究，发挥集体的智慧，学会相互帮助、合作对话、真诚交流、平等交往。

2. 回归拓展能力培养原则

回归拓展学习的主体是学生，要开展有效回归拓展学习，教师必须先对学生开展回归拓展能力的培养，引导学生学会合作、对话、表达，学会开展实验探索，引导他们学会合作探究和相互分享。这是开展有效回归拓展学习能力的基石。

3. 家校学习沟通合力原则

家庭教育对学生的影响是巨大的，家长的评价标准和评价观念对孩子的发展有着不可替代的作用。要走向终身能力建构的回归拓展学习，离不开家长的支持与配合。学校要开展家长培训，家长要学会与教师沟通和交流，要积极配合，共同参与学校、班级、学生的学习生活计划和实施；同时，家长要告别"家长制"的管教思维和方式，学会与自己的孩子对话和沟通，将过去"唯分数论成败"的观念转变为重视动手操作及研究性学习，要做学习型家长，与学生共同成长和进步。

4. 教师全程智慧导学原则

在核心素养的回归拓展学习视野下，学习的全部过程不再局限于传统的"课中"，而是包含"课前""课中"和"课后"，每一个学习阶段的学习效果都离不开教师的智慧指导。通过实现智慧导学，学生实现智慧复习。因此可以说，智慧导学就是教师在学生学习过程中专业指导能力的综合体现。例如，教师在学生合作探究、展讲对话的过程中就可以运用"三关三导"智慧导学策略：一是关注学生问题解决能力如何，二是关注时间如何把握控制，三是关注潜能生学习效果如何。教师的导学能力不是生来就有的，是需要在长期的学习、思考、实践、探究中形成的，在平时的学习指导过程中，教师要养成反思的好习惯，要时刻思考采用什么样的策略对学生成长、对教师发展有积极意义。

5. 学习者自主建构原则

自主建构原则是指学习者在自主学习探究学习过程中能够依靠自己的力量开展独立学习，形成独立分析、独立判断、科学评价能力的具体要求和准则。教师要充分相信自己的潜能和智力水平，要通过自主独立学习和思考，充当教参的质疑者、评价者和超越者。从学生的角度，教师要引导学生充分相信自己，鼓励学生大胆、积极、主动地学习教材，要改变一向依赖教辅答案和教师给予正确结论的坏习惯，让学生从简单的内容做起，反复训练学生的自主建构能力，促使其形成有独立见解的自主建构能力。

## 二、基于促进多元发展的回归拓展学习方法

初中数学回归拓展学习方法分别指向教师和学生两大对象主体，对学生而言就是要掌握回归拓展学习方法，对教师而言就是要掌握回归拓展的指导方法，这两大方法的配合使用，必将对学生的多元核心素养发展起到重要作用，也将对教师的专业能力提升和职业幸福指数提升起到重要的帮助作用。

### （一）学生回归拓展学习方法

#### 1. 构建知识模块思维导图

初中数学的回归拓展学习，可在传统的章节复习、版块复习和整体复习基础上，运用思维导图的方法构建知识模块。为了帮助学生巩固所学知识和转化能力，在学生能力培养初期，每完成一个章节或单元后，教师要详细指导学生学会构建知识模块思维导图。这种方法对初中理科（数学）的学习非常有优势。知识模块思维导图构建的方法是以多元化角度对所学知识进行结构梳理和逻辑归纳，形成具有个性化特色的结构化框架体系。

#### 2. 科学运用知识遗忘规律

对于学习者而言，遗忘是非常自然而普遍存在的心理现象，尤其对于长期在传递式课堂教学中成长起来的学生，他们已经养成了被动等待的消极学习意识和习惯，所以更善于遗忘。作为新时代的学习者和智慧指导者，教师应当充分运用好著名心理学家艾宾浩斯的遗忘曲线理论，科学采用"3-7-15 回归复习"评价方法，帮助学生减少知识遗忘。

| 初中数学"3-7-15"回归复习评价表 | | | |
|---|---|---|---|
| 评价主体 | 3 天复习评价 | 7 天复习评价 | 15 天复习评价 |
| 自我评价 | | | |
| 学习同伴评价 | | | |
| 科代表（教师）评价 | | | |

在使用本策略时，要做到以下几点：一是在管理上要落实。在能力培养初期，作为指导者、督促者的教师和家长务必管理落实，认真做好指导和鼓励，并将开展的评价与表扬鼓励挂钩。二是在时间上要有保证。要指导学生养成良好的回归复习习惯，每

次时间不宜太长，要控制在 5 分钟范围内，发现重点问题或遗忘速度较快的问题，可以适当延长复习时间。三是行动上要坚持。要想使本策略取得更好的效益，最关键的是要坚持下去，形成一种自然的良好的习惯行为。只要能够坚持一段时间，就能够体会到本策略的益处。

### 3. 创建学科学习文件夹

初中数学学习的过程中，学生有各类学习工具单、试卷和笔记本等，这些资料都记载着学生各个阶段的学习过程、方法、智慧和成就等。教会学生用科学的管理方法管理这些资料，将能更大限度地发挥其对学习效益的促进作用。在初中数学学生回归拓展学习方法中，通过创建数学学科文件夹，学生的学习走向了具有建构式的回归拓展学习方式，最终指向终身素养能力评价。

### 4. 掌握回归拓展学习的六种方法

一是"纳"的方法，指多元化归纳，包括八种基本归纳方法，如括弧法、表格法、表框法、拼图法、云朵法、坐标法、树状法、脑图法。教师要指导学生逐步学会八种归纳法。二是"练"的方法，指学生自我练习、合作练习，为小组或班级设计练习题，供同学们训练使用。三是"思"的方法，指学生根据所学内容来设计思考题，供同学们思考和讨论探究。四是"展"的方法，指学生或小组展示回归复习的成果或作品，以多元化方式展现，供同学们分享。五是"问"的方法，指学生之间或小组之间提出问题，相互咨询，相互质疑，交流评价，迅速解决问题。六是"演"的方法，指学生或小组把学过的内容以艺术化的形式表演出来，不局限于小品、歌曲和课本剧，可以扩大表演学习范围。

（二）教师回归评价指导方法

### 1. 回归复习评价指导法

基于核心素养的回归拓展学习中，所谓单元回归复习，就是

155

回到原点的复习，当学完一个单元进行复习时，不仅要把本单元复习一次，而且要涵盖前面单元的内容，再组织回到原点的涵盖式复习，体现自主建构知识、合作探究问题、促进多元思维发展的特点。为达到以上要求，教师要更新复习指导观念，必须做到：要改变过去的片段式、版块式、间断式复习方式为建构式、涵盖式复习方式；要改变过去以知识训练为主的复习为以问题解决为主线的复习；要改变过去的直线型复习为回到原点的涵盖型复习；要改变基于课堂教师讲授知识、自己理解的记忆复习为基于课前自主结构预习、课内师生对话理解建构知识的评价复习；要改变被动机械型复习为主动分享型复习。

2. 建构学生作业新评价观

基于核心素养的有效课堂学习中，教师对学生的作业评价应当是在遵循时代需要基础之上的评价。作为回归拓展的指导者、引路者，教师有必要建构起人文与科学相融合的作业评价机制，促使师生、生生以及家长与孩子间的人文信息互动，促进学生全面发展。那么，教师应具有以下新型的回归评价观。

(1) 建构作业多元评价主体观。作业的评改由静态的分离式走向动态的参与式，转变传统的仅凭一支笔坐在办公桌前批改作业的单一方式，更多的将是直接或间接地参与学生做作业的过程，进行辅导评改。作业评价实施多主题评价，加强自评、互评，评改作业不再仅仅是教师的活动，而是教师、学生、家庭、社区等有关人员共同积极参与的交互活动，多方共同参与学生作业辅导及评改，共同关注学生成长。

(2) 建构作业评价手段信息化观。随着信息技术的发展，作业的呈现方式及评改方式也正在进行数字化变革。教师要充分利用信息技术手段，实现网络传送作业、网上批改作业，使用网络技术将使作业评价过程变成问题讨论与交流的对话过程。网上作业评价形式更注重的是质性评价，如写出激励性评语，进行在线语言交流等。

（3）建构作业评价多元观。新课程作业评价功能重在帮助学生发现与发展潜能，认识自我，展示自我，促进学生生命整体的发展。传统的"只见分数不见人"及"非对即错"式的评价成为过去。在新课程作业评价方式上，提倡多元评价（如诊断性评价、自我评价、集体评价等）的相互结合，淡化单一的总结性评价，从不同角度获取学生发展过程中的信息，最终给出公正客观的评价，注重作业对学生成长的教育发展功能，由过去单纯对知识结果的关注转向对学生生命存在及其发展的整体关怀。

（4）建构作业评价过程观。评价的目的不是"选拔"和"淘汰"，而是为了每一位学生的发展。数学作业评价中应重视学生在作业过程中思维方法的学习、科学态度的树立、情感的培养和意志的锻炼，而不是看评价结果的优良等水平，要做到过程性评价与结果性评价相结合，同时要重视结果的综合性评价。基于数学学科核心素养的教学，在形成性评价的过程中，不仅要关注学生对知识技能掌握的程度，还要更多地关注学生的思维过程，判断学生是否会用数学的眼光观察世界，是否会用数学的思维思考世界，是否会用数学的语言表达世界。

（5）关注问题作业评价差异观。评价结果的呈现和利用应有利于增强学生学习数学的自信心，提高学生学习数学的兴趣，使学生养成良好的学习习惯，促进学生的全面发展。尽量避免终结性评价的"标签效应"。重视学生学习过程中表现的新奇性和独特性，从多样的认识观点角度进行评价。要看学生是否从不同的视角动脑思考问题，是否收集和查阅了不同资料。重视个体内差异评价，尊重学生个体差异，从学生个体发展的纵向、横向方向进行内差异评价。

（6）重视作业评价质性观。在新课程作业评价中，克服作业设计、布置、评价等方面的武断性、权威性、盲目性和随意性，考虑灵活性、量力性和自主性。在评价方法上，多采用描述性语言评价和交流等质性评价方法，发挥评价的激励功能。

### 3. 实施学业质量综合评价观

《基础教育课程改革纲要（试行）》中明确指出，要"建立促进学生全面发展的评价体系。评价不仅要关注学生的学业成绩，而且要发现和发展学生多方面的潜能，了解学生发展中的需求，帮助学生认识自我，建立自信。发挥评价的教育功能，促进学生在原有水平上的发展"。学生学业成绩评价是新课程改革过程中人们普遍关注的问题，在质量综合评价观下，要改变"一张试卷定乾坤"的传统方法，采用灵活多样、具有开放性的质性评价方法，不要仅仅依靠纸笔考试来作为考查学生能力发展状况的手段。在课程教学过程中，采用多元化的质性与量化相结合的评价方法来促进学生全面发展，也是新中高考改革的重点内容。

具体而言，初中数学学科的学业质量评价内容主要包括：一是基础知识技能评价（单元考试成绩、阶段测验成绩、小测验成绩、期中期末考试成绩）；二是学习过程方法评价（自主结构化预习学习方法的效率，课堂讨论、回答问题、提出问题情况，问题解决评价单、问题训练评价单、问题拓展评价单，独立完成作业成绩、合作性作业成绩、创造性作业成绩，体现数学学科内容的发明、创造等）；三是学习过程中形成的学习情感态度价值观评价（学习热情、学习态度、学习兴趣、正确的价值追求和判断等）。

其中，学生学业质量评价行动要求主要体现在以下三个方面：一是体现目标性。新课程标准中，学科学习目标主要包括"知识与技能""过程与方法"和"情感态度价值观"三维目标，学业成绩评价行动必须处处体现三维目标，偏向哪一方面都不能称为新课程评价，反而会导致新的片面发展。二是体现个性化。每位学生都是具有鲜明个性特色的个体，有自己的爱好、特长、兴趣，在长期的学习、生活实践中形成了自己的风格与性格，养成了有个性特色的思维品质。所以，学生学业成绩评价要遵循学生身心发展规律，注重培养学习兴趣，发展特长能力，使学生个性得到和谐、健康、全面的发展。三是体现过程性。学生学业成绩是表征学生发展、进步的动态结果，而不是一个绝对的结果。它是一个长期积累过程中的"符号"，而不是说明某一点的唯一"评判"标准。所以，学生学业成绩评价要重点突出学生学习的过程性、动态性。

4．建构个性化拓展学习发展观

在基于核心素养发展的有效教学视野下，我们要善于搭建有效学习平台，促使学生学会自主合作探究学习，只有学生的自主合作探究学习能力得到明显提高，他们才能够真正成为课堂学习的主人，学生的情感、思维、智力、知识等才能够得到极大限度的发展和提高。在此基础上，我们应该进一步关注学生个性化潜能的挖掘和个性化素质的发展，这不仅体现在课前和课中，更要体现在课后阶段。因为我们在课前主要是关注学生的文本内容学习，学生在此阶段为实现规定的教学目标而努力学习，而在课后阶段就要在基于高质量完成学习任务的基础上走向个性化拓展性学习。具体而言，初中数学的个性化拓展学习发展策略可以从以下四个方面着手。

（1）分析研究学生个性化因素策略。在实施本策略时，指导教师要通过面谈法全面了解学生基本优势情况，了解学生的爱好、兴趣、特长和最大优势，并帮助学生做自我优势分析，展望未来的优势及个性化发展趋势。这个优势可能属于学科学习领域，也可能是非学科领域。

（2）制订个性化拓展学习方案策略。在上述系统分析基础上，教师要做出有针对性的指导方案，与学生一起明确拓展学习任务、学习计划的实施步骤，以及在实施过程中采取哪些策略将有助于提高拓展学习质量。对非学科领域内容，教师也要给予指导，如果超出教师能力范围的话，教师要协商学科领域教师共同合作，给予学生指导和帮助。

（3）制订主题型拓展学习方案策略。主题型拓展内容的选定是基于小组团队的研究兴趣、爱好、特长等共性因素的。这里所指的个性化是研究小组的个性化和主题内容的个性化。在实施本拓展学习策略时，教师要面向研究小组指导个性化拓展学习任务。同时，要在协商后确定研究小组的具体任务、实施步骤和行动策略，为学生研究小组顺利完成研究任务提供智慧和方法。

（4）制订个性化拓展成果展示交流策略。在以"学"为中心的回归拓展学习视野下，教师要定期组织召开学生个性化拓展研究成果和主题型拓展学习研究成果展示活动，引进多元评价机制，使学生和研究小组成员在展示活动中得到充分肯定，树立自信，不断促进学生的个性化素质发展。

## 三、实施以目标达成评价单为主线的学业评价

初中数学回归拓展学习与学业评价，以目标达成评价单为主线，通过各类问题评价，精准对应中国学生核心素养能力要点，达到在学习的过程中让核心素养能力真正落地的目的。

（一）基于人文底蕴的核心素养学业评价

该部分内容的目的就是将初中数学学科知识问题与人文积淀、人文情怀、审美情趣素养基本点相结合，进一步厘清数学学科在回归拓展学习中发展学生核心素养的评价点，形成促使核心素养培养真正落地的抓手。

1. 人文积淀类评价问题

在回归拓展学习中要坚持回归复习，以深刻理解和掌握相关知识。这类问题在实施学业评价前期，可由教师在目标达成评价

单或拓展训练评价单中罗列，在学生能力达到目标后，由学生自主拓展解决。

实例：《九章算术》是中国古代第一部数学专著，不仅最早提到分数问题，也首先记录了盈不足等问题，"方程"章还在世界数学史上首次阐述了负数及其加减运算法则，为中国数学发展做出杰出贡献。

评价方式：根据学生的拓展方向，确定要了解和研究的内容，补充在数学教学中不能进行系统指导的内容，评价学习者的拓展能力。

2. 人文情怀类评价问题

在回归拓展学习中要形成个性化理解和升华。这类问题在实施学业评价前期，可由教师在目标达成评价单或拓展训练评价单中罗列，在学生能力达到目标后，由学生自主拓展解决。

实例：《九章算术》中，"以盈补虚"就是指以多余部分填补不足的部分，这就是我国古代数学推导平面图形面积公式所用的传统的"出入相补"的方法；古希腊哲学家、自然科学家希伯斯追求真理、坚持真理，推翻毕达哥拉斯学派关于数只有整数和分数的结论，发现"无理数"；我国古代数学家赵爽创制的"勾股圆方图"用形数结合的方法详细证明了勾股定理。

评价方式：拓展学习的内容具有发散性，学习者要能够针对小组的成果，拓展属于自己小组的研究方向。

3. 审美情趣类评价问题

在回归拓展学习中要在理解知识美的基础上达到追求十分喜欢的高度，寻找到对本知识点学习的情趣。这类问题在实施学业评价前期，可由教师在目标达成评价单或拓展训练评价单中罗列，在学生能力达到目标后，由学生自主拓展解决。

实例：勾股定理的证明是论证几何的发端，是历史上第一个给出了完全解答的不定方程，是"改变世界面貌的十个数学公

式"之首；黄金分割在达·芬奇作品、古希腊雕像、欧洲建筑和生物生长需要中都有重要应用。

评价方式：关注学习者能否欣赏勾股定理图形的对称美，并从轴对称、中心对称的美学角度观察更多图形。

（二）基于科学精神的核心素养学业评价

该部分内容的目的就是将初中数学学科知识问题与理性思维、批判质疑、善于探究素养基本点相结合，进一步厘清数学学科在回归拓展学习中发展学生核心素养的评价点，形成促使核心素养培养真正落地的抓手。

1. 理性思维类评价问题

在回归拓展学习中要对理性分析的结果进行归纳。理性思维是数学素养的灵魂，发展学生的理性思维，特别是逻辑思维，使学生学会有逻辑地、创造性地思考，学会使用数学语言表达与交流，成为善于认识和解决问题的人才，是数学课程的主要任务。这类问题在实施学业评价前期，可由教师在目标达成评价单或拓展训练评价单中罗列，在学生能力达到目标后，由学生自主拓展解决。

实例：在研究相交线的问题时，首先要确定研究对象是什么，从而引出相交线的定义和基本图形。其次要确定研究内容是什么，即相交线的性质，引导学生发现两条直线相交形成四个角，思考这些角之间的相互关系是什么。可以按四个角的关系（和为360°）→三个角的关系（没有固定关系）→两个角的关系（邻补角、对顶角）这一顺序展开。接下来要研究邻补角、对顶角分别有怎样的数量关系。按照这样的研究数学问题的思维方式，可以研究新图形，探究其性质。

2. 批判质疑类评价问题

在回归拓展学习中要对曾做出批判和质疑的结果性知识进行

归类和总结。这类问题在实施学业评价前期，可由教师在目标达成评价单或拓展训练评价单中罗列，在学生能力达到目标后，由学生自主拓展解决。

实例：生活中是否存在只需考虑数的绝对值而暂时不考虑它的符号的例子？北京版数学教材中配了很多图片，目的在于以图质疑，引导学生理解图意，认真观察每幅图片，要求学生在观察的基础上，用自己的语言来叙述图中表达的内容，引导学生理解图中的数量关系，口头表述提出图片中的数学问题，鼓励学生展开想象，拓展多角度思考，并尝试解决问题。

3. 善于探究类评价问题

在回归拓展学习中要对尚未解决的问题进行再一次探究。这类问题在实施学业评价前期，可由教师在目标达成评价单或拓展训练评价单中罗列，在学生能力达到目标后，由学生自主拓展解决。

实例：探究绝对值方程的解法；寻求最短路径问题；类比一元一次方程求解过程探究分式方程的解法；借助一次函数性质的学习过程探究二次函数的性质，或探究一个新函数具有哪些性质。

引导学习者应用自主质疑、探究、解疑的方法进行探究学习，关注学习者推理能力、模型意识、创新意识等方面的协调发展。

（三）基于学会学习的核心素养学业评价

本部分内容的目的就是将初中数学学科知识问题与乐学善思、勤于反思、信息意识素养基本点相结合，进一步厘清数学学科在回归拓展学习中发展学生核心素养的评价点，形成促使核心素养培养真正落地的抓手。

1. 乐学善思类评价问题

在回归拓展学习中要体验学习成功的快乐，对学过的知识进行结构化思考和梳理归纳。这类问题在实施学业评价前期，可由教师在目标达成评价单或拓展训练评价单中罗列，在学生能力达

到目标后，由学生自主拓展解决。

实例：一元一次方程与一元一次不等式有什么区别与联系？在合并同类项时需要注意哪些问题？证明两个三角形全等需要满足哪些条件？证明角相等的方法有哪些？证明线段相等的方法有哪些？

2. 勤于反思类评价问题

在回归拓展学习中要在课后养成提出"我还有什么不会？"的问题的好习惯。这类问题在实施学业评价前期，可由教师在目标达成评价单或拓展训练评价单中罗列，在学生能力达到目标后，由学生自主拓展解决。

实例：学过"等式与方程"一课后，我掌握等式的基本性质了吗？我学会判断等式和方程了吗？我了解一元一次方程了吗？我知道解一元一次方程的一般步骤是什么吗？我学会用一元一次方程解决实际问题了吗？学过"三角形"一课后，我学会对三角形进行分类了吗？我知道三角形具有的性质了吗？我学会特殊三角形的性质和判定方法了吗？我学会判断两个三角形是否全等的方法了吗？我学会判断逆命题、逆定理了吗？我学会尺规作图了吗？我学会角平分线的性质及线段垂直平分线的性质了吗？我学会勾股定理及其逆定理了吗？

3. 信息意识类评价问题

在回归拓展学习中要依然强化信息意识，对存在困惑的知识点进行拓展性、开放性信息收集和加工完善。这类问题在实施学业评价前期，可由教师在目标达成评价单或拓展训练评价单中罗列，在学生能力达到目标后，由学生自主拓展解决。

实例：课题1：查阅资料，了解《九章算术》中对方程的记载；了解古代数学问题。课题2：查阅资料，了解家庭用水问题及收费方式，运用数学知识计算家庭月水费。课题3：调查所在城市某段时间内空气质量情况，经历一次统计实践的全过程。课

题4：查阅资料，了解杨辉三角，基于指数概念推广探究 $(a+b)^3$，$(a+b)^4$，…，找出展开式的项、项数、次数和系数的规律。

（四）基于健康生活的核心素养学业评价

本部分内容的目的就是将初中数学学科知识问题与珍爱生活、健全人格、自我管理素养基本点相结合，进一步厘清数学学科在回归拓展学习中发展学生核心素养的评价点，形成促使核心素养培养真正落地的抓手。

1．珍爱生命类评价问题

在回归拓展学习中要求每位学生在生活实践中做到尊重生命和珍爱生命。这类问题在实施学业评价前期，可由教师在目标达成评价单或拓展训练评价单中罗列，在学生能力达到目标后，由学生自主拓展解决。

实例：通过调查所在城市某段时间内的空气质量情况，经历一次统计实践的全过程，分析影响空气质量的因素，深刻理解人们必须爱护环境，选择低碳环保的生活方式。

2．健全人格类评价问题

在回归拓展学习中要使学生高贵的品格能够内化于心灵，转化为行为，使学生人格得到进一步的完善。这类问题在实施学业评价前期，可由教师在目标达成评价单或拓展训练评价单中罗列，在学生能力达到目标后，由学生自主拓展解决。

实例：刘徽是中国数学史上一位非常伟大的数学家，他的杰作《九章算术》和《海岛算经》是我国宝贵的数字遗产。《九章算术》约成书于东汉之初，共有246个问题的解法，在解联立方程、分数四则运算、正负数运算、几何图形的体积面积计算等方面都属于世界先进之列。但因为解法比较原始，缺乏必要的证明，刘徽对此做了补充证明。他是世界上最早提出十进小数概念的人，并用十进小数来表示无理数的立方根。在几何方面，提出

了"割圆术",科学地求出了圆周率的结果。

### 3. 自我管理类评价问题

在回归拓展学习中,要在课后对学科文件夹进行自我管理、科学管理。这类问题在实施学业评价前期,可由教师在目标达成评价单或拓展训练评价单中罗列,在学生能力达到目标后,由学生自主拓展解决。

实例:思考:以下问题是否使用了五级学业评价?是否能自主回归建构所学知识?对知识技能评价单、问题解决评价单、目标达成评价单上的所有问题是否都能解决?能否对典型题例进行编题、仿题?是否建立了自己的学科文件夹?

### (五)基于责任担当的核心素养学业评价

该部分内容的目的就是将初中数学学科知识问题与社会责任、国家认同、国际理解素养基本点相结合,进一步厘清数学学科在回归拓展学习中发展学生核心素养的评价点,形成促使核心素养培养真正落地的抓手。

### 1. 社会责任类评价问题

在回归拓展学习中要深刻理解担负社会责任的积极意义,能够在实践中敢于负责,成为一个富有社会责任的公民。这类问题在实施学业评价前期,可由教师在目标达成评价单或拓展训练评价单中罗列,在学生能力达到目标后,由学生自主拓展解决。

实例:在北京版数学教材《第二十七章 数学应用的一般思路》中列举了用数学知识解决生活和生产中的问题的实例。课题1:为避免浪费水的现象,国家出台了阶梯水价政策,在此背景下设计月用水量与水费之间的关系对应表,供收费工作人员使用。课题2:文物是人类在历史发展过程中遗留下来的遗物、遗迹。各类文物从不同的侧面反映了各个历史时期人类的社会活动、社会关系、意识形态以及利用自然、改造自然和当时生态环境的状况,是人类宝贵的历史文化遗产。在不破坏文物保护区的

前提下，建造一个矩形街心花园，如何建造可以使其面积最大？

2. 国家认同类评价问题

在回归拓展学习中，拥护国家法律，遵守法规，做一个热爱国家、热爱人民、热爱家庭、热爱父母的中国人。这类问题在实施学业评价前期，可由教师在目标达成评价单或拓展训练评价单中罗列，在学生能力达到目标后，由学生自主拓展解决。

实例：《九章算术》是世界上最先提出联立方程组的解法的著作，这是我国古代数学一项杰出的成就。印度数学家在公元7世纪时才发现用联立方程组的方法解决问题，远不如我国古代的"方程术"完备。通过对《九章算术》的学习，感受我国古代数学家的集体智慧，增强国家认同感和民族自豪感。

3. 国际理解类评价问题

在自主探究学习中，要在讨论展讲学习环节，对当今网络时代背景下的国际社会发展有新的认识，能够理解中国的国际地位，以及国际社会和谐发展的重要性。这类问题在实施学业评价前期，可由教师在"知识链接"或"教师预设问题"中罗列，在学生能力达到目标后，由学生自主生成问题并解决。

实例：思考勾股定理与毕达哥拉斯定理在中国与国际社会的影响。

通过以上实例，学习者进一步感悟不同国家、不同文化背景下数学知识的发现过程，体会不同的数学文化，对不同地域的文化有更深刻的认识。

（六）基于实践创新的核心素养学业评价

该部分内容的目的就是将初中数学学科知识问题与劳动意识、问题解决、技术运用素养基本点相结合，进一步厘清数学学科在回归拓展学习中发展学生核心素养的评价点，形成促使核心素养培养真正落地的抓手。

1. 劳动意识类评价问题

在自主探究学习中，要通过讨论、展讲学习深刻理解学会劳动的长远意义和重要价值，培养自食其力的能力。这类问题在实施学业评价前期，可由教师在"知识链接"或"教师预设问题"中罗列，在学生能力达到目标后，由学生自主生成问题并解决。

实例：（1）学习解直角三角形之后，回归到生活中，测量旗杆或教学楼的高度。

（2）学习函数之后，帮助从事销售工作的亲朋解决价格和利润的问题。

（3）学习"乘方"的运算之后，通过了解历史故事体会劳动人民的不易。

通过以上实例，鼓励学习者通过实践体会劳动的快乐，感悟劳动的价值。

2. 问题解决类评价问题

在回归拓展学习中要能够进行问题拓展学习，培养综合解决问题的能力。这类问题在实施学业评价前期，可由教师在目标达成评价单或拓展训练评价单中罗列，在学生能力达到目标后，由学生自主拓展解决。

实例：探究一个新函数具有哪些性质。探究一元一次方程 $2x-y+3=0$ 的解与一次函数 $y=2x+3$ 及其图像的关系。探究一元一次方程 $2x+3=0$ 的解，一元一次不等式 $2x+3>0$ 的解与一次函数 $y=2x+3$ 之间的关系。

3. 技术运用类评价问题

在回归拓展学习中，要在课后回归学习环节，将知识归纳、实验报告、拓展学习资料等内容采用信息技术手段进行管理和优化。这类问题在实施学业评价前期可由教师在目标达成评价单或拓展训练评价单中罗列，在学生能力达到目标后，由学生自主拓展解决。

实例：（1）利用几何画板作图探究特殊的平行四边形的性

质。（2）利用计算机绘制统计图分析数据。

通过以上实例，体会信息技术在推理能力、数据分析观念发展中所起的作用。

（七）以目标达成评价单为载体的回归拓展学习与学业评价案例

目标达成评价单是开展回归拓展学习与学业评价的关键载体，是"功在课前、效在课中、果在课后"的学习思想的具体体现。目标达成评价单由三个模块构成：目标达成、水平检测和多元评价。教师在结构化备课时，要科学、准确、严谨地编辑"水平检测"模块中的拓展训练题。学生在课后领到这张工具单后，主要通过自主探究学习完成，也可以在小组内讨论解决问题；对于有难度的问题或共性问题，学生利用这张工具单进行详细记录，教师再寻找时机给予规范讲解。最后，要求各小组内开展"学的质量"和"学的态度"两个维度的自评、同伴评价、学科长评价、小组长评价和学术助理或教师评价。

◆案例1：

### "有理数"目标达成评价单

设计人：　　　审核人：　　　序　号：
班　级：　　　组　名：　　　姓　名：

【目标达成】

| 类　别 | 数　量 | 完全掌握的个数 | 没有掌握的个数 | 没有掌握的原因 |
|---|---|---|---|---|
| 概念性知识 | 12 | | | |
| 原理性知识 | 11 | | | |
| 例　题 | 32 | | | |
| 练习题 | 44 | | | |
| 习　题 | 68 | | | |
| 自我评价 | | | | |

【水平检测】

1. $-\dfrac{1}{17}$ 的相反数是（　　）。

A. 17　　　　B. $\dfrac{1}{17}$　　　　C. $-17$　　　　D. $-\dfrac{1}{17}$

2. 在 $(-0.68)^2$，$-|0.68|$，$-(-0.68)$，$-0.68^2$ 中，正数有（　　）。

A. 0 个　　　B. 1 个　　　C. 2 个　　　D. 3 个

3. 某计算机的计算速度为每秒 384000000000 次，用科学记数法表示正确的是（　　）。

A. $3.84\times10^{10}$　　　　　　B. $3.84\times10^{11}$

C. $38.4\times10^{10}$　　　　　　D. $0.384\times10^{12}$

4. 实数 $a$，$b$，$c$，$d$ 在数轴上的对应点的位置如图所示，这四个数中，绝对值最小的是（　　）。

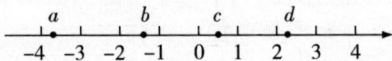

A. $a$　　　B. $b$　　　C. $c$　　　D. $d$

5. 数轴上有 $A$，$B$，$C$，$D$ 四个点，其中绝对值相等的点是（　　）。

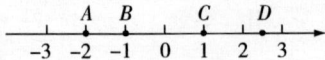

A. 点 $A$ 与点 $D$　　　　　B. 点 $A$ 与点 $C$

C. 点 $B$ 与点 $C$　　　　　D. 点 $B$ 与点 $D$

6. $|3-\pi|=$ _____。（结果含 $\pi$）

7. 如果 $a$，$b$ 互为相反数，$c$，$d$ 互为倒数，那么 $5(a+b)-3cd=$ _____。

8. 若 $x$，$y$ 满足 $(x+4)^2+|y+1|=0$，则 $x+y$ 的值是 _____。

9. 用四舍五入法计算 $\sqrt{2}+\pi$ 的近似值，精确到 0.01 为 _____，保留小数点后 1 位为 _____。（$\pi\approx3.142$，$\sqrt{2}\approx1.414$）

10. 若代数式 $8x-7$ 的值与代数式 $6-2x$ 的值互为相反数，那么满足条件的 $x$ 的值是_____。

11. 在进行异号的两个有理数加法运算时，用到下面的一些操作：

① 将绝对值较大的有理数的符号作为结果的符号并记住；

② 将记住的符号和绝对值的差一起作为最终的计算结果；

③ 用较大的绝对值减去较小的绝对值；

④ 求两个有理数的绝对值；

⑤ 比较两个绝对值的大小；

其中操作顺序正确的步骤是（    ）。

A. ①②③④⑤                  B. ④⑤③②①

C. ①⑤③④②                  D. ④⑤①③②

12. 如图所示的运算程序中，如果开始输入的 $x$ 值为 $-48$，我们发现第 1 次输出的结果为 $-24$，第 2 次输出的结果为 $-12$，…，第 2016 次输出的结果为_____。

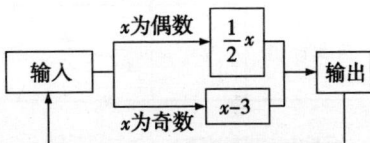

13. 计算题

(1) $-1\dfrac{1}{3}+2-\dfrac{4}{3}$；            (2) $-\dfrac{7}{3}\times\left(-\dfrac{1}{6}\right)\div\left(-\dfrac{7}{6}\right)$；

(3) $\left(-\dfrac{1}{3}\right)^2+\dfrac{3}{4}-(-1)$。

【多元评价】

| 自我评价 | 同伴评价 | 小组长评价 | 科代表评价 | 任课教师评价 |
|---|---|---|---|---|
|  |  |  |  |  |

案例2:

## "一元一次不等式（组）"目标达成评价单

设计人： 审核人： 序 号：

班 级： 组 名： 姓 名：

**【目标达成】**

| 类 别 | 数 量 | 完全掌握的个数 | 没有掌握的个数 | 没有掌握的原因 |
|---|---|---|---|---|
| 概念性知识 | 7 | | | |
| 原理性知识 | 5 | | | |
| 例 题 | 11 | | | |
| 练习题 | 18 | | | |
| 习 题 | 20 | | | |
| 自我评价 | | | | |

**【水平检测】**

1. 不等式 $x \geq 2x+2$ 的解集是_____。

2. 使不等式 $x-5>4x-1$ 成立的值中的最大的整数是（ ）。

A. 2        B. $-1$        C. $-2$        D. 0

3. 不等式 $(m-2)x>1$ 的解集是 $x<\dfrac{1}{m-2}$，则 $m$ 的取值范围是_____。

4. 解不等式，并把解集在数轴上表示出来：

(1) $\dfrac{x-7}{2}+1<\dfrac{3x-2}{2}$；        (2) $\dfrac{x-2}{2}-(x-1)<1$。

5. 解不等式组 $\begin{cases} 3(x-2)+8>2x, \\ \dfrac{x+1}{3} \geqslant x-\dfrac{x-1}{2}。 \end{cases}$

6. 解不等式组 $\begin{cases} 4(x+1) \leqslant 7x+10, \\ x-5 < \dfrac{x-8}{3} \end{cases}$ 并写出它的所有非负整数解。

【多元评价】

| 自我评价 | 同伴评价 | 小组长评价 | 科代表评价 | 任课教师评价 |
|---|---|---|---|---|
|  |  |  |  |  |

案例 3：

## "二元一次方程（组）"目标达成评价单

设计人：　　　审核人：　　　序　号：

班　级：　　　组　名：　　　姓　名：

【目标达成】

| 类　别 | 数　量 | 完全掌握个数 | 没有掌握的个数 | 没有掌握的原因 |
|---|---|---|---|---|
| 概念性知识 | 4 |  |  |  |
| 原理性知识 | 3 |  |  |  |
| 例　题 | 12 |  |  |  |
| 练习题 | 12 |  |  |  |
| 习　题 | 32 |  |  |  |
| 自我评价 |  |  |  |  |

【水平检测】

1. 满足方程 $3x+y=5$ 的非负整数解是_____。

2. 以 $x$，$y$ 为未知数，且同时满足下列两个条件：①由两个二元一次方程组成；②方程组的解为 $\begin{cases} x=2, \\ y=3; \end{cases}$ 这样的二元一次方程组可以是_____。（写出一个即可）

3. 已知函数 $y=ax+b$ 和 $y=kx$ 的图像交于点 $P$（$-3$，1），则关于 $x$，$y$ 的二元一次方程组 $\begin{cases} y=ax+b, \\ y=kx \end{cases}$ 的解是_____。

4. 解方程组 $\begin{cases} 2x-y=4, \\ 3x+y=1. \end{cases}$

5. 已知 $\begin{cases} x=1, \\ y=-1 \end{cases}$ 是二元一次方程组 $\begin{cases} ax+2y=b, \\ 4x-by=3 \end{cases}$ 的解，求 $a$，$b$ 的值。

6. 已知 $x$，$y$ 是有理数，求满足 $(2x-y+1)^2+|5x-2y-1|=0$ 的 $x$，$y$ 的值。

7. 如果方程组 $\begin{cases} 3x+y=3, \\ 2x-y=7 \end{cases}$ 是某个一元二次方程的两根，那么这个一元二次方程可能是_____。

8. 已知：当 $x=-3$ 和 $x=2$ 时，代数式 $kx+b$ 的值分别是 $-4$ 和 $11$。

（1）求 $k$，$b$ 的值；

（2）求 $x$ 为何值时，代数式 $kx+b$ 的值为 $\dfrac{1}{2}$。

**【多元评价】**

| 自我评价 | 同伴评价 | 小组长评价 | 科代表评价 | 任课教师评价 |
|---|---|---|---|---|
|  |  |  |  |  |

## 第五章

# 基于综合素质评价的学科
# 学习文件夹管理

▶　　教育部《关于加强和改进普通高中学生综合素质评价的意见》（教基二〔2014〕11号）中强调："综合素质评价是对学生全面发展状况的观察、记录、分析，是发现和培育学生良好个性的重要手段，是深入推进素质教育的一项重要制度。"实施综合素质评价，我们到底对什么素质进行"评价"呢？主要是评价"思想品德、学业水平、身心健康、艺术素养、社会实践"等素质。我们要将这些抽象的素质变成具体的、可考察的指标，就要用学生行为表现说话，用活动时间说话，用活动效果说话，通过对一些抽象指标进行实操化考核，来培养学生的综合素质，培养综合素质评价能力。其中"学业水平"是综合素

质评价的一项重要内容，为了在实施学生综合素质评价的过程中能够保障学生学业水平，国家实施全国性的学业水平考试制度。《国务院关于深化考试招生制度改革的实施意见》（国发〔2014〕35 号）中强调，"学业水平考试主要检验学生学习程度，是学生毕业和升学的重要依据。考试范围覆盖国家规定的所有学习科目，引导学生认真学习每门课程，避免严重偏科"，要求各个学校在实施综合素质评价和学业水平考试的过程中，引导学生全科发展，不要偏科发展。从综合素质评价角度来看，对学业水平的评价重点是学业水平考试成绩、选修课程内容和学习成绩、研究性学习与创新成果等，特别是具有优势的学科学习情况。对一名初中生而言，学业水平评价是包含语文、数学、英语、物理、化学、生物、政治、历史、地理等学科的学业水平评价。这就给我们一线教师提出了一个十分现实而又具有挑战的重大课题，即：如何在学业水平评价过程中体现素质教育思想，既能提高学业水平，还能培养核心素养？

在传统教学视野下，学生学业水平评价主要基于一张考试卷，最常用的学习辅助材料由作业本、笔记本等组成。随着一个学期或一个单元学习任务的完成，许多学生把作业本、笔记本随意丢掉，曾经洒下勤奋汗水，记录着学习过程和方法的作品就这样丢弃了。由于这些作品在学生学习过程中充当的是用于机械训练的简单辅助学习工具，所以在复习过程中也无法发挥其应有的作用。

而在以"学"为中心的课堂教学视野下，我们创新了传统意义上的作业和笔记本，生成了具有建构式学习特征的学习工具单和表征学生学习过程及方法的作品资料，这里记载着学生各个阶段的学习过程、方法、智慧和成就等，可以说都是证明学生学习进步的"沉甸甸的礼物"。为了使这些厚重的"礼物"能够激励

学生的全面发展，我们的核心观点是要创建学科学习文件夹，通过对学科学习文件夹进行管理和评价，使学生学习素质评价走向综合素质评价。

本章主要包括以下内容：

一是阐述学科有效学习文件夹创建的目的和意义；二是学科有效学习文件夹的创建内容、过程和方法；三是学科文件夹评价采用凸显形成性定性评价与定量评价；四是学科有效学习文件夹的展示与交流。

## 一、学科有效学习文件夹创建的目的和意义

教育部《关于加强和改进普通高中学生综合素质评价的意见》（教基二［2014］11 号）中阐述了实施综合素质评价的重要意义，认为：全面实施综合素质评价，有利于促进学生认识自我、规划人生，积极主动地发展；有利于促进学校把握学生成长规律，切实转变人才培养模式；有利于促进评价方式改革，转变以考试成绩为唯一标准评价学生的做法。这"三个有利于"高度概括了我国实施综合素质评价的重要意义，对促进学生自主发展、规划人生有重要意义，对转变人才培养模式有积极意义，对促进评价方式改革有着积极的推动意义。

学科学习文件夹的创建是实施学生综合素质评价的重要组成部分和主要途径之一，学科学习文件夹的内容是学生日常学习生活、学习成长进步的主要体现，也是在学校学生管理中最能够"摸得着、看得见"的评价内容。实施学科学习文件夹管理是对学生学业水平管理进行量化评价和质性评价，是一种形成性和总结性相结合的过程性评价，不仅能够提高学生自主学习管理能力、评价能力，还能提高学生系统化、结构化的综合思维能力，

会对学生长大成人后走向社会管理公司、企业奠定良好的社会化管理能力基础。

（一）创建学生学科学习文件夹的主要目的

学生学科学习文件夹的创建和管理是学生学习生活中的一件"新生事物"，与原来教本课堂教学视野下的学生作业管理、笔记本管理有着重要差异。在实施学科学习文件夹管理的过程中，学生能够动起来，由学生自主管理学科学习文件夹；在自主管理基础上，由小组管理小组每位成员的学科学习文件夹；在小组管理基础上，由全班管理每个小组的学科学习文件夹。通过三级管理，使每位学生学会学科学习文件夹管理和评价，达到以下目的：

1. 使学生学会自主管理，培养自我管理的良好习惯

实施学科学习文件夹管理，对每位学生而言，都是一个挑战，由原来的"书包"随意、凌乱的管理走向体系化、结构化、学科化管理，让学生建立结构化自我管理意识和思维，指导学生学会学科学习材料的管理。在这个过程中，学生能够学会自主学习、自主管理、自主评价，养成良好的自主学习习惯。

2. 使学生体验进步过程，激发持续发展的成长兴趣

实施学科学习文件夹管理，就是让学生学会管理每一天、每一阶段、每一学期的本学科学习资料、学习成果，在这个过程中，让学生体验成功的快乐。这一体验成功的快乐的过程恰好能够反映学生学习努力、进步、成功的过程，使学生在此过程中获得成功的体验，增强学习进步的动力，激发持续发展的兴趣。

3. 使教师掌握科学方法，建立提升综合素质评价的科学机制

实施学科学习文件夹管理，引进多元评价、回归评价机制，确保每一阶段的学习质量和效果，使学生体验学习成功的快乐。学科教师要指导学生掌握有效回归学习方法，巩固所学知识技

能。通过建立、提升综合素质评价，达到缩小学生差异，大面积提高学业成就，为学生终身发展奠定基础，促进学生综合素质提升和全面发展的目的。

(二) 创建学生学科学习文件夹的重要意义

**1. 对学生发展而言，能够提升学生自我管理能力、自我评价能力和综合素质评价能力**

通过实施学科学习文件夹管理，学生就能学会对一个学科学习的全过程管理，对学习计划、学习工具单、学习反思、学习总结、阅读书目、阶段性考试试卷、实践研究成果和获奖证书等内容，学会优化、经营、整理和归纳，这个梳理、整理和评价的过程便是学生学会自主管理文件夹、自主评价文件夹的能力提升过程，也是养成自我管理、自我评价的好习惯的过程。好习惯是培养出来的，而不是训导出来的。学生一旦养成这样的好习惯，将对未来一生的成长都具有十分重要的、不可估量的长远意义。

**2. 对教师发展而言，能够掌握科学的学生学业水平评价方法，能够提高学业水平能力，促进教师专业化发展**

在以前的学校教本教学过程中，学科教师的主要任务是备课、上课、课后批改作业、个性化指导、组织考试等，没有指导学生如何管理一个学科学习所有的材料、工具等，更没有进行科学评价。学科教师对学生的评价基本上限于作业评阅、考试评卷和基本印象评价。于是，学科教师往往忽视了学生综合素质评价，既没有关注学生综合素质评价，也没有关注教师评价方法的改进和优化。在实施学科学习文件夹管理的过程中，学科教师要深刻领会学科学习文件夹管理的本质意义和目的，在管理过程中掌握科学的评价方法，提高对学生实施评价的能力水平。掌握这种对学生实施科学评价的方法和能力，便是促进教师专业化水平

发展的过程。

3. 对学校发展而言，能够创新学生评价制度，实施学生综合素质评价，推动学校课堂教学方式改革，推动基础教育课程改革，全面提高教育教学质量

学校采用学生学科学习文件夹管理评价，就是对学校学生评价进行创新的一项重要内容，改变学生评价方式，能够有效推动学校教学方式的改革。学校通过实施各个学科的学习文件夹管理，保障每一位学生的学习质量、每一个学科的教学质量，有利于全面提高学校教育教学质量。这个实施各个年级、各个学科的学习文件夹管理和评价的过程，就是提高全校教学质量的过程。

4. 对高考制度创新而言，能够为科学而规范地实施学生综合素质评价做出有价值、有意义的研究，有利于推动我国高考制度改革

实施学科学习文件夹管理是提高和保障学业水平的主渠道。我们可以认为，实施学科学习文件夹管理是实施学生综合素质评价的一个重要组成部分，也是核心环节。通过科学实施学科学习文件夹管理和评价，我们可以总结经验，提炼精华，对建立具有我国特色的高考评价体系和推动我国高考制度改革有十分重要的现实意义。

## 二、学科有效学习文件夹的创建内容、过程和方法

实施学科学习文件夹管理，最主要的是落实到教师和学生的平时行动中，指导学生明确学科学习文件夹中"装什么内容""经历哪些过程""采用哪些方法"等。只有学生明白了如何做，才能高质量实施学科学习文件夹管理和评价。

（一）学科学习文件夹的创建内容

教育部《关于加强和改进普通高中学生
综合素质评价的意见》（教基二［2014］11
号）中指出，要建立规范的学生综合素质档
案，客观记录学生成长过程中的突出表现，
注重社会责任感、创新精神和实践能力，明
确提出综合素质档案的主要内容有：

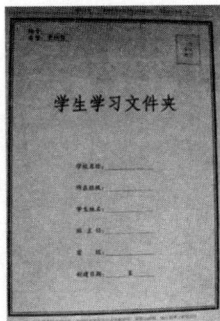

（1）主要的成长记录，包括思想品德、
学业水平、身心健康、艺术素养、社会实践
五个方面的突出表现；

（2）学生毕业时的简要自我陈述报告和教师在学生毕业时撰
写的简要评语；

（3）典型事实材料以及相关证明。

文件中同时要求，档案材料要突出重点，避免面面俱到、千
人一面。有些活动项目学生没有参加或事迹不突出，可以空缺。
规范和减少高考加分项目后，学生的相关特长、突出事迹、优秀
表现等情况记入学生综合素质档案。教师评语要客观、准确揭示
每个学生的个性特点。学校要对学生的档案材料进行审核。

根据以上新规定和要求，我们认为，学科学习文件夹评价作
为综合素质评价的一个核心环节和重要内容，也要充分反映上述
精神和要求。在学科学习文件夹中，主要包括本学科学习过程中
学生使用过的纸质材料、电子资料、影视资料等，记录着学生的
学习行为、情感以及学习收获、成就等，主要包括以下内容：

（1）学科学习计划；

（2）学科有效预习笔记；

（3）作业评价与分析表；

（4）基础知识评价单；

（5）问题解决评价单；

（6）目标达成评价单；

（7）水平训练评价单；

（8）单元知识建构图；

（9）学科学习反思日记；

（10）学科阶段性学习总结；

（11）阅读书目清单；

（12）学习报告、实验报告、调查报告、综合实践报告、专题作品评价表（包括活动照片、音像资料，以反映探究性学习情境、结果、流程等）；

（13）学科阶段性考试试卷；

（14）学科阶段性学业成绩分析与评价一览表；

（15）学科阶段性作品、成果样本集；

（16）通过本学期学科考试、竞赛获得的各种奖励证书及登记表；

（17）家长反馈调查问卷（家长填写）；

（18）其他资料。

注：以上内容是学生自己收集的作品目录，各个学校、各个班级要结合班级要求和学生自身学习特点增减收集内容。

（二）学科学习文件夹的创建过程和方法

教育部《关于加强和改进普通高中学生综合素质评价的意见》（教基二〔2014〕11号）中第四部分"评价程序"明确指出综合素质成长记录袋评价的四部曲：一是"写实记录"，二是"整理遴选"，三是"公示审核"，四是"形成档案"。具体要求如下：

写实记录。教师要指导学生客观记录在成长过程中集中反映综合素质主要内容的具体活动，收集相关事实材料，及时填写活动记录单。一般性的活动不必记录。活动记录、事实材料要真实、有据可查。

整理遴选。每学期末，教师指导学生整理、遴选具有代表性的重要活动记录和典型事实材料以及其他有关材料。用于招生使用的材料，学生要签字确认。

公示审核。遴选出来、用于招生使用的活动记录和事实材料必须于每学期末在教室、公示栏、校园网等显著位置公示。班主任及有关教师要对公示后的材料进行审核并签字。

形成档案。各省（区、市）要对学生综合素质档案格式提出基本要求。学校要对相关材料进行汇总，为每位学生建立综合素质档案。

各个学校在使用学科学习文件夹时，最好不要用档案袋，要用开口的纸质文件夹或塑料文件夹，指导学生将每一天、每一阶段的本学科相关资料整理在文件夹中。建议学校教务处制订统一标准，对于学科学习文件夹的选材，可以由学校统一安排，也可鼓励学生统一购置，具体操作过程如下：

一是使用和管理。对于如何使用和管理，学科教师要进行具体指导，主要是学生个体自行、自觉管理，由小组内的学科长、小组长负责检查。学生将自己学习过程中发生的对自己有积极影响的事件进行条理性整理后，有选择性地装入学科学习文件夹，包括学生的课前预习笔记、学习反思日记、学习总结、教师评语、学习计划、各种学习工具单、阶段性学习评价结果等。每当学完一个主题内容时，学科长要请各位学生及时把所用的学习材料放在学科学习文件夹中。全班的学习长和学术助理要在每单元结束时普查一遍，确保学习材料的完整性，以便使其在单元复习

时发挥应有的作用。

二是装订和检查。学科教师要指导学生养成良好的自主管理好习惯，学校可以设计体现富有学校文化特色的彩色封面，到学期末时，学校要统一组织各个班的学生装订学科学习文件夹，以便于学生携带和管理，也便于学生终身保存。

三是加强评价机制。学校要建立学科学习文件夹的多元评价机制，在学期末规定的时间点上落实评价任务，落实自我评价、同伴评价、学科长评价、学术助理评价、学习长评价和教师评价等多元评价。评价的主要目的是反映学生平时的进步，鼓励学生寻找适当机会展示自己的学习成果和经历，在展示的过程中获得成功体验。要体现合作评价的重要性，让家长、教师、同学等评价主体参与进来。让学生制订评价标准，鼓励学生自主管理，学会自我评价、合作评价，体现学生自我选择、自我评价、自我反省的特点。对此理解和认识深刻的学校也可在学期末实施等级制综合评价，创新学生综合素质发展评价制度。

## 三、凸显形成性评价的定性与定量评价

如何评价学科学习文件夹呢？学科学习文件夹是存装学生有关本学科所用到的有价值的所有学习材料，是一个过程性材料文件夹，其中基本装有 18 种以上表征这位学生对本学科在学习时用到的一系列材料。面对学生平时积累的这些材料，我们如何进行评价，才能起到激励和鼓励学生成长进步的目的呢？

《基础教育课程改革纲要（试行）》中明确指出，要"建立促进学生全面发展的评价体系。评价不仅要关注学生的学业成绩，而且要发现和发展学生多方面的潜能，了解学生发展中的需求，帮助学生认识自我，建立自信。发挥评价的教育功能，促进

学生在原有水平上的发展"。学生学业水平评价主要是针对学生的学业能力评价，不完全包括非学业能力。在有效学习的过程中，如何采用多元化的质性与量化相结合的评价方法来促进学生全面发展，是我们共同研究的重大课题。

具体而言，我们把学业水平评价中的过程性评价具体视作学科学习文件夹评价，这个学科学习文件夹的创建内容和过程、方法体现了三维目标评价：一是基础知识技能评价（如单元考试成绩、阶段测验成绩、小测验成绩、期中期末考试成绩）；二是学习过程与方法评价（如自主结构预习学习方法效率、课堂讨论、回答问题、提出问题，基础知识评价单、问题解决评价单、目标达成评价单、水平训练评价单，独立完成作业成绩、合作性作业成绩、创造性作业成绩，体现学科内容的作品、产品的评价结果等）；三是过程与方法评价，对在学习过程中形成的学习情感态度价值观进行评价（如学习热情、学习态度、学习兴趣、正确的价值追求和判断等）。

（一）学科学习文件夹评价原则

学科学习文件夹评价过程是体现学生学业水平的过程，也表征着学生在学校学习期间对学习收获、学习表现、学习过程、学习方法和学习态度的情感。为了做到客观公正、科学合理，达到鼓励学生、激励学生、成就学生、发展学生的目的，我们在实施学科学习文件夹评价的过程中要尽可能贯彻以下评价原则。

一是目标性原则。新课标规定学科学习目标主要包括"知识与技能""过程与方法"和"情感态度价值观"等三维目标，学业水平评价行动必须处处体现三维目标，偏毁哪一方面都不能称为新课程评价，反而会导致新的片面发展。要将核心素养的相关要素在三维目标评价的过程中得以贯彻和落实。

二是个性化原则。每位学生都是具有鲜明个性特色的个体，有属于自己的爱好、特长、兴趣，在长期的学习、生活实践中形成了自己的风格与性格，养成了有个性特色的思维品质。所以，在学生学科学习文件夹评价过程中要注意遵循学生身心发展规律，培养学习兴趣，发展特长能力，使学生的个性得到和谐、健康、全面发展。

三是过程性原则。学生学科学习文件夹是表征每位学生发展、进步的动态结果，而不是绝对的一个终结性结果。它是一个长期积累的"符号"，而不是说明某一点的唯一"评判标准"。所以，学生学科学习文件夹评价要重点突出学生学习的过程性、动态性。

四是发展性原则。学生学科学习文件夹评价是由低级到高级发展的过程，要根据不同学生的发展需要，考虑基础性发展和提高性发展，充分挖掘学生潜力，调动学生的学习积极性，不断促进学生全面发展。

（二）学科学习文件夹评价办法

学科学习文件夹评价分为"学习情感态度价值观""学习过程和方法"和"学习知识与技能"等三个维度，将18个过程性表征材料也同样分类，并对三类材料进行科学分析、理性判断和客观评价。下面对三个维度所涉及的相关材料加以分类，并将具体观测点描述如下。

| 维　　度 | 观测点 | 备　　注 |
|---|---|---|
| 学习情感态度价值观 | ★学科学习计划<br>★学习态度量表<br>★学习兴趣量表 | 各学校可以自行开发设计 |

| 维　　度 | 观测点 | 备　注 |
|---|---|---|
| 学习过程和方法 | ★学科有效预习笔记<br>★基础知识评价单<br>★问题解决评价单<br>★目标达成评价单<br>★水平训练评价单<br>★单元知识建构图<br>★学科学习反思日记<br>★学科阶段性学习总结<br>★课堂表现记录表<br>★作业评价与分析表<br>★阅读书目清单和读后感<br>★学习报告、实验报告、调查报告、综合实践报告、专题作品评价表（包括活动照片、音像资料，以反映探究性学习情境、结果、流程等）<br>★通过本学期学科考试、竞赛获得的各种奖励证书及登记表<br>★家长反馈调查问卷（家长填写）<br>★学科阶段性作品、成果样本集<br>★其他资料 | 各学校根据学校类别、层次、学段特点进行增减 |
| 学习知识与技能 | ★学科阶段性考试试卷<br>★学科阶段性学业成绩分析与评价 | 相对稳定和固定 |

以上分类表所示内容仅供参考，各个学校可具体结合自己学校特点，在遵循学科学习文件夹管理和评价要求、原则的前提下，适当地创新，一定要保证学科学习文件夹评价质量和效果。

学科学习文件夹评价步骤如下。

第一步：学生个体整理。组织每位学生按要求整理好学科学习文件夹，到学期末时按学科分类归纳、优化和整理，一定要求学生注重平时的保存和管理，否则到期末时就会出现想找材料都找不到的情况。做到"全""真""补"：一是材料内容要全面，不要丢失；二是所有材料是真实的，不是虚构的；三是如果因特殊情况（火灾、雨淋、水浸泡等）材料严重破损时，学校要有计划、有组织地要求学生在规定时间内补齐。

第二步：学校统一装订。学校教务部门统一设计体现学校特色的彩色封面，组织专业人员按班分科进行统一装订。

第三步：组织多元评价。以班级为单位，各个学科的教师要组织全班同学开展多元化评价活动。

第四步：实施综合评价。在学科教师统一组织下，动员所有学生严格按学科学习文件夹综合评价表进行综合评价。详见下表。

### 学科学习文件夹综合评价表

学校：　　　　班级：　　　　组名：　　　　姓名：

| | 赋值 | 观测内容 | 自我评价 | 同伴评价 | 组内学科长评价 | 小组长评价 | 学术助理评价（科代表） | 教师评价 | 综合成绩 |
|---|---|---|---|---|---|---|---|---|---|
| 学习情感态度价值观 | 20分 | 热情、态度兴趣、价值观 | | | | | | | |

续　表

| | 赋值 | 观测内容 | 自我评价 | 同伴评价 | 组内学科长评价 | 小组长评价 | 学术助理评价（科代表） | 教师评价 | 综合成绩 |
|---|---|---|---|---|---|---|---|---|---|
| 学习过程与学习方法 | 30分 | 课前表现（结构预习）8分 | | | | | | | |
| | | 课堂表现 8分 | | | | | | | |
| | | 课后拓展表现 6分 | | | | | | | |
| | | 三单管理 8分 | | | | | | | |
| 基础知识与技能 | 50分 | 单元测试＋期中、期考成绩 | 按实际考试成绩折算为： | | | | | | |
| 质性评价 | 评语：<br><br><br><br>教师： | | | | | | | | |

注：

1. 前两项的综合成绩是各位评价主体评价值的平均值。

2. 如果学校实施问题学习工具单或使用基础知识评价单、问题解决评价单、目标达成评价单、水平训练评价单，就按上述评

价表进行考核和评价。如果学校至今还没有使用，则将"三单管理"改为作业管理和评价，如果既有"三单管理"，又有作业管理，那么可将二者合理整合。

3. 这里的学生学科学习文件夹评价在一定程度上就是指学生学业水平评价和总结性评价或者称为综合评价，在公布成绩结果时，最好将百分数折算为 A、B、C、D、E 五个等级，90 分以上为 A，80—89 分为 B，70—79 分为 C，60—69 分为 D，59 分以下为 E。

4. 对于一位初中生而言，以数学一科为例，假如张佳同学在初一上学期建好"初一数学上　学科学习文件夹"后有一次综合评价结果，假如综合评价结果为 A，下学期建好"初一数学下　学科学习文件夹"，综合评价结果为 A；在初二上学期建好"初二数学上　学科学习文件夹"后有一次综合评价结果，综合评价结果为 A，下学期建好"初二数学下　学科学习文件夹"，综合评价结果为 A；同样，在初三学期建好"初三数学上　学科学习文件夹"后有一次综合评价结果，综合评价结果为 A，下学期建好"初三数学下　学科学习文件夹"，综合评价结果为 A；最后，张佳同学初三年级数学学科学习文件夹的综合评价结果为 6 个 A，最终结果为 A。假如其中有一个或者两个 B，那么，进行二次赋值计算后得出相应最后等级。

5. 值得说明的一个问题是，许多教师会提出疑问，国家要组织学业水平考试，我们何必建立学科学习文件夹管理和评价制度呢？在此我将给予引导和解读：一是国家组织的学业水平考试属于学业水平评价的终结性评价，是从国家层面保障学生学业水平而设立的一种水平监测制度；二是使用学科学习文件夹管理和评价是体现学业水平评价的过程性评价；三是建立学科学习文件夹管理和评价制度，可为国家实施新高考制度改革、建立健全综合

素质评价制度奠定基础工程。

第五步：撰写综合报告。学科教师要指导学生学会撰写自我评价报告，在学生自我评价基础上，学科教师要形成或撰写该学生本学科的综合评价报告。

（三）对学科教师的基本要求

实施学科学习文件夹管理和评价制度对每位教师而言都有一定的挑战，教师的评价需由过去的简单评价、印象评价、感觉评价走向全程化、结构化、多元化、科学化、系统化的过程性评价。于是，这对教师从意识层面、习惯层面、行为层面都带来了挑战。为了促进学生全面发展，培育学生核心素养，保障学生学业水平，希望各学科教师尽可能做到以下几点。

一是用心呵护。教师一定要用心来实施学科学习文件夹管理和评价制度，无须很高的理论素养，主要是精心呵护，要做到耐心、热情，关心和关爱每位学生成长进步。

二是指导方法。教师一定要重点指导学生掌握实施学科学习文件夹管理和评价的方法，使学生养成使用学科学习文件夹进行管理和评价的良好自我管理习惯。

三是经营管理。教师一定要让学生做到不随意摆放和丢失一张资料，要学会经营自己的学习过程，培养主人意识，像管理自己的公司一样对待自己的学科学习文件夹。

四是从小培养。教师一定要对初一起始年级的学生多加精心指导和关爱，帮助其养成自我管理、自我经营的好习惯最重要。

五是搭建平台。教师一定要为学生搭建展示、交流、分享成功的平台，尽可能在教室组织展示和评奖；学校教务处等部门要组织各个年级学生进行单科学习文件夹评比和所有学科学习文件夹的评比，从学校层面给予奖励和激励。鼓励和动员家庭（家

长）努力创造条件，利用假期、节假日等时间，让学生展示学科学习文件夹成果。

## 四、学科有效学习文件夹的展示与交流

为了全面提升学生学科学习文件夹评价学习能力，不论是在教师层面还是学校层面，都要创造条件为学生搭建展示和交流学科学习文件夹，分享成功的机会和平台。学科教师要适当给予评价，如写一些激励性评语，尽可能与班主任协商后在教室组织展示和评奖；学校教务处等部门要组织对各个年级学生进行单科学习文件夹的评比和所有学科学习文件夹的评比，从学校层面给予奖励和激励。也可以动员家长在家庭举办学科学习文件夹展示活动。学校通过组织多种展示活动，可使学生得到不同程度的体验和分享，从而搭建这种长期、有效学习的展示学习机制，使学生学科学习文件夹使用能力得到持续增长，最终，使学生的综合素质评价能力得到有效发展。展示和交流活动可以多元化，可以分为学生个体班级展示、小组整体班级展示、班级整体校级展示、学生个体家庭展示等。

（一）学生个体班级展示

为了鼓励先进，发挥示范引领作用，学科教师要指导班级优秀学生建好学科学习文件夹，在周五或主题班会上进行学生个体学科学习文件夹展示。在活动过程中，组织全班同学给予进行展示的学生激励表扬，并提出合理化的建设性改革建议，使之更加完善，让学生在向全班展示交流作品的过程中充分体验到学习成功和学习进步的快乐及愉悦感。学科教师也可以设置奖项，颁发荣誉证书等以资鼓励。

（二）小组整体班级展示

个体优秀不是辉煌，团队优秀才是辉煌。学科教师要鼓励小组整体成长和进步，要搭建小组所有成员展示学科学习文件夹的平台和机会，让一个小组整体进行学科学习文件夹展示。在展示活动过程中，组织全班同学给予小组激励表扬，并提出合理化的建设性改革建议，使整个小组的学科学习文件夹更加完善，让这个小组的同学在全班展示交流作品的过程中充分体验到学习成功和学习进步的快乐及愉悦感。学科教师也可以设置小组集体奖项，颁发集体荣誉证书等以资鼓励。

（三）班级整体校级展示

从学校层面，以某一备课组为单位开展展示交流活动。要鼓励某一班级整体成长和进步，要搭建某班全体成员展示学科学习文件夹的平台和机会，让一个班级整体进行学科学习文件夹展示。在展示活动过程中，组织全校教师和学生来参观和观摩，给予该班级激励表扬，并提出合理化的建设性改革建议，使这个班级的学科学习文件夹更加完善，让整个班级同学在全班展示交流作品的过程中充分体验到学习成功和学习进步的快乐及愉悦感。在学校层面，也可以设置班级集体奖项，颁发班集体荣誉证书等以资鼓励。

（四）学生个体家庭展示

以某一家庭为单位开展学科学习文件夹展示交流活动，家长要搭建某一学生在家庭展示学科学习文件夹的平台和机会，在节假日或某一重要纪念活动日让孩子进行学科学习文件夹展示，可以是单一学科，也可以是所有学科。在展示活动过程中，组织亲属和孩子的同学、朋友来参观和观摩，请他们给予激励表扬，并提出合理化的建设性改革建议，使这个孩子的学科学习文件夹更

加完善，让孩子在家庭展示交流作品的过程中充分体验到学习成功和学习进步的快乐及愉悦感。家长也可以设置孩子进步奖项，颁发特殊荣誉证书等以资鼓励。

成功案例分享：

1. 数学学科学期学习计划

| 本学期需解决的重点问题 | 知识方面： |
| --- | --- |
| | 态度方面： |
| 本学期重点学习目标 | 重点学习内容： |
| | 课前学习目标： |
| | 课中学习目标： |
| | 课后学习目标： |

2. 数学学科有效预习笔记

| 遍数 | 预习内容 | 预习方法 | 自评 |
| --- | --- | --- | --- |
| 第一遍查、画、写 | | 阅读范围：书上例题之前<br>读书前请扫读本节中的彩体字、加粗字，提出本节的核心问题（×××的定义是什么？×××的性质是什么？） | |
| | 过程性栏目"思考""交流""探索" | ① 遮住后面的课文，在书边空白处写出你的答案<br>② 比对课文中的相关叙述<br>③ 圈画你没有想到的和有困惑的部分，并圈画要点<br>④ 书写你的收获和疑惑（生成问题） | |

| 遍数 | 预习内容 | 预习方法 | 自评 |
|---|---|---|---|
| 第一遍<br>查、画、写 | 定义 | ① 在核心问题的指引下，在阅读其他课文的过程中思考定义的要点（可批注）<br>② 尝试自己概括定义<br>③ 比对定义，画出关键句，圈出关键词，并给关键词标号，同时适当写出对关键词的理解，如果不理解，生成问题<br>④ 主动举例<br>⑤ 标出哪些是条件（标号），哪些是结论<br>⑥ 将符号语言和图形语言（数轴、坐标系等）写在旁边，进一步理解定义（根据学法提示选择） | |
| | 性质、判定（定理、基本事实） | ① 根据学法提示、过程性栏目、陈述性文字逐步经历定理的学习过程<br>② 在核心问题的指引下，在阅读其他课文的过程中逐步概括定理（性质）（可批注）<br>③ 比对定义，画出关键句，圈出关键词，并给关键词标号，同时适当写出对关键词的理解，如果不理解，生成问题<br>④ 标出哪些是条件（标号），哪些是结论<br>⑤ 将符号和图形（数轴、坐标系、几何图形等）写在旁边，进一步理解定义（根据学法提示选择：数形结合——图形符号意识——符号几何——图形和符号） | |

续　表

| 遍数 | 预习内容 | 预习方法 | 自评 |
|---|---|---|---|
| 第一遍<br>查、画、写 | 其他陈述 | 通常用于帮助我们理解概念、定理，阅读时注意圈画关键词或批注段落要点 | |
| | 困惑之处 | 如果有问题，随时写在空白处 | |
| 第二遍<br>记、练 | 阅读范围：整节内容<br>第二遍之前，阅读生成的所有问题（包括书上的相关栏目和自己生成的问题） | | |
| | 定义/定理等 | ① 分别看着条件想结论，看着结论想条件<br>② 把文字、符号、图形结合在一起：看着文字语言想符号和图形，看着符号语言想文字语言（并在书边默写，比对提问） | |
| | 问题 | 尝试解答第一遍提出的问题 | |
| | 带着方法读（提高要求，不做全体要求） | 按学法提示的要求，阅读相关内容。如：提到类比则比较着读，提到转化则分析转化的具体含义，提到数形结合就结合画图理解，提到特殊到一般就从特殊中找一般规律 | |
| | 例题 | ① 用遮纸法完成例题，比对并圈画订正<br>② 批注例题的步骤，圈画需注意的格式<br>③ 对云图的提问加以思考和回答，对云图的重点提示在例题中找到对应的内容 | |

| 遍数 | 预习内容 | 预习方法 | 自评 |
|---|---|---|---|
| 第三遍　思 | 问题 | 梳理尚未解决的问题 | |
| | 回到关键问题和学习目标 | 回答关键问题，自查学习目标是否达到 | |
| | 梳理 | 绘制初步的建构图 | |

### 3. 小组每周数学作业评价与分析表

| | 同学甲 | | | | | 同学乙 | | | | | 同学丙 | | | | | 同学丁 | | | | |
|---|---|---|---|---|---|---|---|---|---|---|---|---|---|---|---|---|---|---|---|---|
| | 周一 | 周二 | 周三 | 周四 | 周五 | 周一 | 周二 | 周三 | 周四 | 周五 | 周一 | 周二 | 周三 | 周四 | 周五 | 周一 | 周二 | 周三 | 周四 | 周五 |
| 结构化预习完成情况 | | | | | | | | | | | | | | | | | | | | |
| 评价检测错题修改情况 | | | | | | | | | | | | | | | | | | | | |
| 最佳组员 | | | | | | | | | | | | | | | | | | | | |

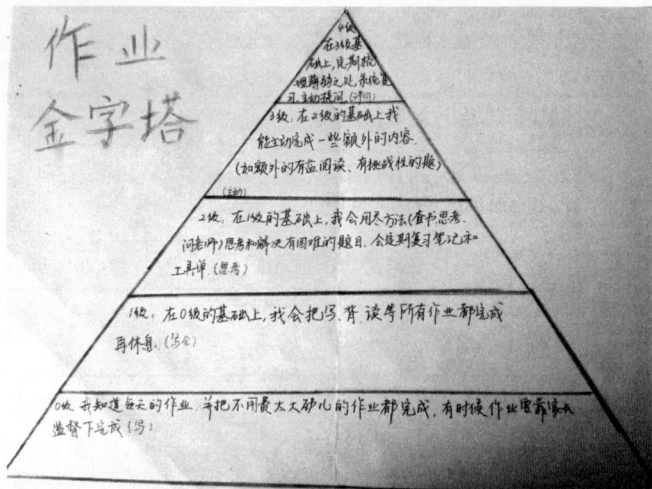

4. 基础知识评价单

## "解直角三角形"基础知识评价单

设计人：　　　　审核人：　　　　序　号：

班　级：　　　　组　名：　　　　姓　名：

**【基础知识】**

| 类　别 | 主要内容 | 掌握程度 | 备　注 |
|---|---|---|---|
| 学习目标 | 知识与技能：<br>理解直角三角形中五个元素的关系，会运用勾股定理、直角三角形的两个锐角互余及锐角三角函数解直角三角形<br>过程与方法：<br>通过解直角三角形，逐步培养分析问题、解决问题的能力<br>情感态度与价值观：<br>渗透数形结合的数学思想，培养良好的学习习惯 | | |

续　表

| 类　别 | 主要内容 | 掌握程度 | 备　注 |
|---|---|---|---|
| 重点难点 | 1. 解直角三角形<br>2. 恰当选用关系式解直角三角形 | | |
| 关键问题 | 怎样根据已知条件解直角三角形？ | | |
| 概念性知识 | 概念1：什么叫"解直角三角形"？ | | |
| 原理性知识 | 问题1：直角三角形中三边两角之间有哪些等量关系？（边角关系、三边关系、锐角之间的关系） | | |
| 实践性知识 | 问题1：在△ABC中，$\angle C = 90°$，$a = 5$，$c = 10$，解这个直角三角形。 | | |
| 备　注 | | | |

## 【多元评价】

| 自我评价 | 同伴评价 | 小组长评价 | 科代表评价 | 任课教师评价 |
|---|---|---|---|---|
| | | | | |

5. 问题解决评价单

### "同底数幂的乘法"问题解决评价单

设计人：　　　　审核人：　　　　序　号：

班　级：　　　　组　名：　　　　姓　名：

## 【教师预设问题】

问题1：下面的计算对不对？如果不对，怎样改正？

（1）$b^5 \cdot b^5 = 2b^5$（　　）

（2）$b^5 + b^5 = b^{10}$（　　）

（3）$x^3 \cdot x^4 = x^{12}$（　　）

（4）$y^7 \cdot y^7 = 2y^{14}$（　　）

(5) $c \cdot c^3 = c^3$ （　　　）

(6) $c + c^3 = c^4$ （　　　）

问题 2：计算下列各式，结果用幂的形式表示。

① $(-3)^2 \times (-3)^3$；　　　　　　② $3^4 \times (-3)^3$；

③ $(m-n)^3 \cdot (n-m)^2$；　　　　　④ $3 \times 3^3 \times 81$。

问题 3：填空。

(1) $x^5 \cdot (\quad) = x^8$；

(2) $x^m \cdot (\quad) = x^{3m}$；

(3) 如果 $y^{n-2} \cdot y^{n+1} = y^{11}$，则 $n =$ _____；

(4) 已知：$a^m = 2$，$a^n = 3$，求 $a^{m+n}$。

问题 4：若 $x$，$y$ 是正整数，$2^x \cdot 2^y = 32$，①求满足条件的 $x$，$y$ 的值；②求 $2^{x+y+2}$。

【多元评价】

| 自我评价 | 同伴评价 | 小组长评价 | 科代表评价 | 任课教师评价 |
|---|---|---|---|---|
|  |  |  |  |  |

6.目标达成评价单

## "一次函数"目标达成评价单

设计人：　　　　审核人：　　　　序　号：

班　级：　　　　组　名：　　　　姓　名：

**【目标达成】**

| 类　别 | 数　量 | 完全掌握的个数 | 没有掌握的个数 | 没有掌握的原因 |
|---|---|---|---|---|
| 概念性知识 | 7 | | | |
| 原理性知识 | 7 | | | |
| 例　题 | 13 | | | |
| 练习题 | 26 | | | |
| 习　题 | 44 | | | |
| 自我评价 | | | | |

**【水平检测】**

1. 请写出一个一次函数，它的图像与 $y=2x$ 平行，并且与 $y$ 轴交于正半轴，这条直线的表达式可能是_____。

2. 若一次函数 $y=kx+b$ 的函数值 $y$ 随 $x$ 的增大而减小，且图像与 $y$ 轴的负半轴相交，那么对 $k$ 和 $b$ 的符号判断正确的是（　　）。

　A. $k>0$，$b>0$　　　　　　B. $k>0$，$b<0$

　C. $k<0$，$b>0$　　　　　　D. $k<0$，$b<0$

3. 1—7月份，某种蔬菜每斤的进价与每斤的售价的信息如图所示，则出售该种蔬菜每斤利润最大的月份是（　　）。

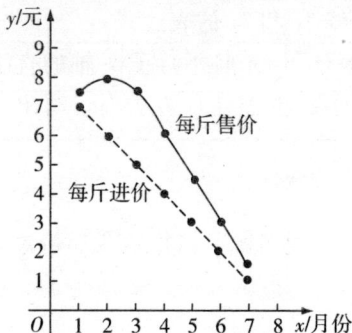

A. 3 月份　　B. 4 月份　　C. 5 月份　　D. 6 月份

4. 已知一次函数的图像经过点（−1，−5），且与正比例函数 $y=\frac{1}{2}x$ 的图像相交于点（2，$a$），求这个一次函数的图像与 $y$ 轴的交点坐标。

5. 如图，直线 $l_1：y=-2x$ 与直线 $l_2：y=kx+b$ 在同一平面直角坐标系内交于点 $P$。

（1）写出不等式 $-2x>kx+b$ 的解集_____；

（2）设直线 $l_2$ 与 $x$ 轴交于点 $A$，△$OAP$ 的面积为 12，求 $l_2$ 的表达式。

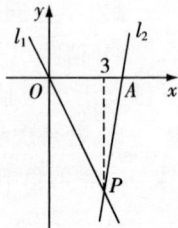

6. 如图，在平面直角坐标系 $xOy$ 中，已知直线 $l_1：y=mx$（$m\neq0$）与直线 $l_2：y=ax+b$（$a\neq0$）相交于点 $A$（1，2），直线 $l_2$ 与 $x$ 轴交于点 $B$（3，0）。

（1）分别求直线 $l_1$ 和 $l_2$ 的表达式；

（2）过动点 $P$（0，$n$）且平行于 $x$ 轴的直线与 $l_1$，$l_2$ 的交点分别为 $C$，$D$，当点 $C$ 位于点 $D$ 左方时，写出 $n$ 的取值范围。

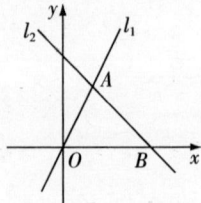

**【多元评价】**

| 自我评价 | 同伴评价 | 小组长评价 | 科代表评价 | 任课教师评价 |
|---|---|---|---|---|
|  |  |  |  |  |

7. 水平训练评价单

### "同底数幂的乘法"问题训练评价单

设计人：　　　　审核人：　　　　时　间：

班　级：　　　　姓　名：

**【水平训练】**

1. 直接写结果：

(1) $3^7 \cdot 3^6 =$ _____

(2) $\left(\dfrac{2}{3}\right)^2 \cdot \left(\dfrac{2}{3}\right)^6 =$ _____

(3) $(-5)^3 \cdot (-5)^4 =$ _____

(4) $x^a \cdot x^{a+1} =$ _____

(5) $-d^2 \cdot d^4 =$ _____

(6) $(x+y)^3 \cdot (x+y)^5 =$ _____

2. 判断（对的打√，错的打×并改正过来）

(1) $m^4 \cdot m^5 = m^{20}$ 　（　　）改正：_____

(2) $x^5 \cdot x^5 = 2x^5$ 　（　　）改正：_____

(3) $m \cdot m^4 = m^4$ 　（　　）改正：_____

(4) $x^{10} + x^{10} = x^{20}$ 　（　　）改正：_____

3. 计算：

(1) $10^2 \cdot 10^3 \cdot 100$；　　　(2) $a^2 \cdot a^3 - a^3 \cdot a^4 - a^3 \cdot a^2$。

4. 若 $3^m = 2$，$3^n = 3$，①试求 $3^{m+n}$ 的值；②试求 $3^{m+n+1}$ 的值；③试求 $3^{2m+n}$ 的值。

【多元评价】

| 自我评价 | 同伴评价 | 小组长评价 | 科代表评价 | 任课教师评价 |
|---|---|---|---|---|
|  |  |  |  |  |

8. 单元知识建构图

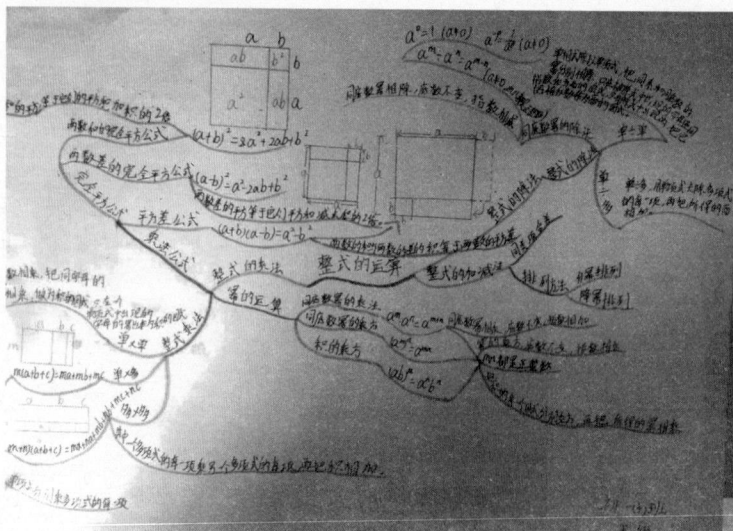

9. 学科学习反思日记

| 时　间 | 典型错例 | 正　解 | 考查的相关知识点 | 易错点 |
|---|---|---|---|---|
|  |  |  |  |  |
|  |  |  |  |  |
|  |  |  |  |  |
|  |  |  |  |  |

10．学科阶段性考试试卷

（略）

11．学科章节阶段性学习总结评价一览表

**数学章节阶段性学习总结评价表**

第　章：　　　　班级：　　　　姓名：　　　　年　月　日

| 章节名称 | 概念性问题 | | 原理性问题 | | 习题性问题 | | | | | 结构化预习完成情况（课前认真完成、基本完成、未完成） | 合作对话学习情况（小组讨论、倾听交流、展示对话积极参与、参与、未参与） | 回归拓展学习情况（评价反馈学习目标达成好、较好、有问题、未达标） | 本章节总体完成情况（未解决或有突出问题） |
|---|---|---|---|---|---|---|---|---|---|---|---|---|---|
| | 数量 | 掌握程度 | 数量 | 掌握程度 | 例题个数 | 是否学会 | 习题个数 | 是否学会 | 练习题个数 | 是否学会 | | | |
| 第一章节 | | | | | | | | | | | | | |
| 第二章节 | | | | | | | | | | | | | |
| 第三章节 | | | | | | | | | | | | | |
| 第四章节 | | | | | | | | | | | | | |

12. 学科阶段性作品、成果样本集

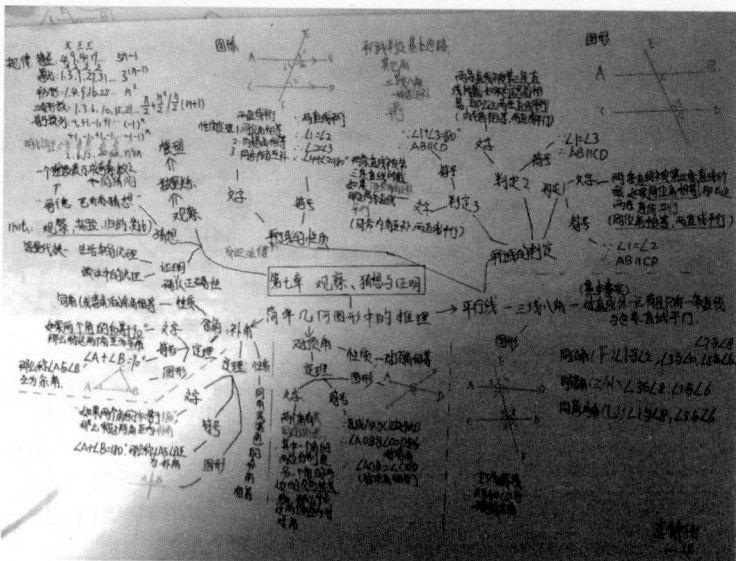

13. 通过本学期学科考试、竞赛获得的各种奖励证书及登记表

| 时　间 | 获奖项目 | 备　注 |
|--------|----------|--------|
|        |          |        |
|        |          |        |
|        |          |        |
|        |          |        |

参考
文献

▶ ［1］韩立福. 韩立福与学本课堂. 北京：北京师范大学出版社，2015.

［2］韩立福. 学本课堂原理：一种根植中国课堂教学创新的理论建构与实践探索［M］. 长春：东北师范大学出版社，2015.

［3］韩立福. 韩立福：有效教学法［M］. 北京：首都师范大学出版社，2012.

［4］《关于全面深化课程改革落实立德树人根本任务的意见》节选［J］. 教育科学论坛，2017（20）：3－5.

［5］孔凡哲，史宁中. 中国学生发展的数学核心素养概念界定及养成途径［J］. 教育科学研究，2017（6）：5－11.

［6］核心素养研究课题组. 中国学生发展核心素养［J］. 中国教育学刊，2016（10）：1－3.

［7］中华人民共和国教育部. 普通高中数学课程标准（2017年版）［M］. 北京：人民教育出版社，2018.

［8］中华人民共和国教育部. 义务教育数学课程标准（2011年版）［M］. 北京：北京师范大学出版社，2012.

［9］张健，王梅. 有效学习的含义、理念及实现路径［J］. 教育探索，2017（4）：1－4.

［10］刘玉静，高艳. 合作学习教学策略［M］. 北京：北京师范大学出版社，2011.

［11］刘畅. 学生自主学习探析［J］. 教育研究，2014（7）：131－135，159.

［12］吴志丹. 协作建构思维导图在数学复习课中的应用探究［J］. 电化教育研究，2010（7）：108－110.

［13］陈建翔，王松涛. 新教育：为学习服务［M］. 北京：教育科学出版社，2002.

# 后 记

回想我校初识学本课堂理念是在 2013 年底。在北京的一次数学教学交流会上，韩立福教授的一次演讲给我校的每一位参会教师带来不小的震撼。我们被"以学习者的学习为本"的理念深深吸引，被一整套培养学生自主、主动学习能力的体系所吸引，与会教师心向往之。

两年后的 2015 年底，在以丁建军校长为核心的领导团队的带领下，我校教师开始了学本课堂的实践，迎来了我校教育改革的春天。

两年半以来，每一位教师经历着不断探索、调整、改进、反思、解惑的过程，教学思考的深度和广度逐步拓宽，对于学习评价也在探索中创新，以创新促实践，在实践中积累和反思。评价

思路的转变带来教师思维的转变，课堂更有效，学生也变得更有自信。感谢能有幸与"学本课堂"结缘，让我们这所建校近六十年的老校焕发新的活力。

感谢韩立福教授及他的专家团队，从 2016 年起对我校教师悉心指导，帮助我校教师得到一次次的专业提升，并对本次《学业评价》丛书的撰写给予指导，使我们获益良多。感谢《学业评价》丛书编委会的邀约和指导，我们《基于核心素养的有效学习与学业评价策略——初中数学》编委会得以在书稿撰写中再次反思自己的学本课堂实践，得以在专家的指导下，将经验和思考整理出来，同各位老师分享。感谢我校的领导团队，他们在我们遇到困惑的时候，总是帮助我们出谋划策，成为我们坚强的后盾。感谢我校数学组的每一位教师，是教研组集体的智慧指引我们每位教师攻坚克难，促成教师团队的提升。感谢每一位东铁营一中的学子，他们的智慧和才华，为东铁营一中的学本课堂不断注入新鲜活力，并为本书的案例提供大量素材。

感谢本书的每一位编者贡献了自己在实践中积累的智慧。本书具体编写分工如下：

绪论由韩立福教授撰写；第一章由杨晓萌老师完成；第二章由李金燕老师完成；第三章由赵晓庆老师完成；第四章由王乐老师完成；第五章由吕新哲校长完成。吕新哲校长、李守洋老师一并负责本册书的整体设计及汇总、统稿、校对工作。

限于时间的局限性，本书两易其稿便匆匆付梓，在某些观点和理念的理解上或许存在不到位之处；另外，我校的学业评价探索仍然在继续，如有浅陋甚至不妥之处，期待广大同行、学者、专家予以批评指正，不胜感激。

积极实践新的评价思路，借助学业评价的新思路促进学生的有效学习，我们一直在路上！

本册编委会
2018.6